Die Weimarer Republik

Kompaktwissen Geschichte

Herausgegeben von Gerhard Henke-Bockschatz

Die Weimarer Republik

Von Hartmann Wunderer

Reclam

RECLAMS UNIVERSAL-BIBLIOTHEK Nr. 17070
2012 Philipp Reclam jun. GmbH & Co. KG,
Siemensstraße 32, 71254 Ditzingen
info@reclam.de
Gestaltung: Cornelia Feyll, Friedrich Forssman
Druck und Bindung: Esser printSolutions GmbH,
Untere Sonnenstraße 5, 84030 Ergolding
Printed in Germany 2025
RECLAM, UNIVERSAL-BIBLIOTHEK und
RECLAMS UNIVERSAL-BIBLIOTHEK sind eingetragene Marken
der Philipp Reclam jun. GmbH & Co. KG, Stuttgart
ISBN 978-3-15-017070-0
reclam.de

Inhalt

Einleitung 9
Zeittafel 11

I Darstellung

1 Unter gewaltigen Hypotheken: Die Entwicklung einer freiheitlichen Demokratie 15
Agonie des Kaiserreichs 15
Matrosenmeuterei 17
Die Arbeiter-und-Soldatenräte 18
Parteien und Verbände 22
Die Nationalversammlung 29
Der Versailler Vertrag 33
Elitenkontinuität 37
2 Die Formierung der Gegner der Republik in den Nachkriegswirren 38
Kapp-Putsch 39
Erste außenpolitische Tastversuche: Der Rapallo-Vertrag 1922 40
Reparationen und Ruhrkampf 42
Hitlerputsch 45
3 Die »relative Stabilisierung« der Republik 46
Rationalisierung und Arbeitslosigkeit 47
Krise des alten Mittelstands und die neue Schicht der Angestellten 49
Neue sozialpolitische Weichenstellungen 50
Außenpolitik Stresemanns 52
Wechsel im Amt des Reichspräsidenten 53
Antisemitismus 54
Politische Kultur – männlicher Gewaltkult 55
Kulturelle Vielfalt und Modernität 58
Neues Bauen in den 1920er Jahren 63

4 Die Weltwirtschaftskrise 64
Die Folgen der amerikanischen Krise für Deutschland 66
Präsidialregime 69
Die Septemberwahlen von 1930 70
5 Bürgerkrieg und Machtübergabe 75
Die Reichspräsidentenwahl 1932 75
Demokratie und Diktaturen in Europa 77
Bürgerkrieg in Deutschland 78
Die Machtübergabe an die Nationalsozialisten 80
Ursachen für den Aufstieg des Nationalsozialismus 82

II Kontroversen

1 Zum Charakter der Revolution 1918/19 84
2 Versäumnisse 1918/19? 89
3 Warum scheiterte die Weimarer Demokratie? 92
4 Ästhetisierung von Gewalt 97

III Quellen

1 Die militärische Situation 1918 und das Ersuchen um Waffenstillstand durch die OHL 100
2 Marinemeuterei 101
3 Sozialisationsbedingungen und Generationserfahrungen von Jugendlichen 104
4 Wie reagieren die Unternehmer auf den revolutionären Umbruch? 109
5 Viel oder wenig Macht für das Parlament? 110
6 Der Vertrag von Versailles vom 28. Juni 1919 113
7 »Ein Mittel der Abwendung gibt es nicht ...« 116
8 Die Dolchstoßlegende 118
9 Eine Bilanz der Revolution von 1918 120
10 Rapallo- und Revisionspolitik 121
11 Erinnerungen an die Zeit der politischen Morde 124
12 Die kommunistische Sozialfaschismusthese 125
13 Der Wandel der weiblichen Erwerbsarbeit 127

14 Hintergründe der Locarno-Politik 128
15 Eine »überparteiliche«, antiparlamentarische Staatsordnung 129
16 »Wir stehen als Sieger auf den Trümmern« 131
17 Industrielle zu einer möglichen Kanzlerschaft Hitlers 132
18 Wegbereiter einer Kanzlerschaft Hitlers 134

Literaturhinweise 137
Nachweis der Abbildungen und Tabellen 140

Einleitung

Die kurze Phase Weimarer Republik genießt im kollektiven Gedächtnis und in der Kontinuität der deutschen Geschichte keinen guten Ruf, sie gilt gemeinhin als »gescheitert«. Die junge Bundesrepublik habe aus diesem »Scheitern« der Weimarer Demokratie erfolgreich »gelernt« und daraus Konsequenzen bereits bei den Debatten um das Grundgesetz gezogen. – Dieses im deutschen Geschichtsbewusstsein fest verwurzelte Bild wird freilich der Geschichte nur ansatzweise gerecht, denn die Weimarer Republik und ihre Repräsentanten der ersten Stunde wollten nach der scheindemokratischen Struktur des Kaiserreichs eine gerechte und demokratische politische Ordnung und Gesellschaft etablieren. Sie waren dabei aber mit gewaltigen Widerständen und Problemen konfrontiert, die sie selbst nicht zu verantworten hatten. Vor allem am erbitterten Widerstand der alten Eliten in Justiz, Militär, Schulen und Hochschulen, Kirchen, der Wirtschaft und Verwaltung gegenüber demokratischen Strukturen scheiterte der Versuch der Errichtung einer demokratischen Ordnung. Die alten Eliten wollten nicht erkennen, dass ihr Weltmachtstraum nach der Gründung des Deutschen Kaiserreichs in die Katastrophe und die militärische Niederlage im Ersten Weltkrieg führte und lehnten daher die neue, demokratisch legitimierte politische Ordnung kategorisch ab.

Belastet war die neue politische Ordnung aber auch mit dem Versailler Vertrag, der von allen politischen Strömungen vehement zurückgewiesen wurde, ohne dass aber ernsthaft die politischen Chancen geprüft oder debattiert worden wären, die der vielgeschmähte Versailler Vertrag bot. Und schließlich erhielt die Weimarer Demokratie durch die Weltwirtschaftskrise endgültig den Todesstoß. Diese ökonomische Krise kann indes für den Niedergang der ersten Demokratie in Deutschland keineswegs allein oder in erster Linie verantwortlich gemacht werden, immerhin überlebten eine Reihe anderer westlicher Demokratien diese Wirtschaftskrise und gaben ihre demokratischen Institutionen nicht bereitwillig preis.

Der Weimarer Republik verdanken wir eine Reihe von weitreichenden kulturellen, verfassungsrechtlichen wie sozialpolitischen Innovationen, die im »Dritten Reich« brutal rückgängig gemacht wurden, an denen aber die Bundesrepublik Deutschland produktiv anschließen konnte. Für eine nur negative Akzentuierung der Geschichte der Weimarer Republik gibt es mithin keinen Anlass, im Gegenteil, sie war auch ein produktives »Laboratorium der Moderne«, an dem auch die zweite deutsche Demokratie, die Bundesrepublik, anknüpfte.

Fundamentale Errungenschaften der Weimarer Demokratie wurden bei der neuen Staatsgründung nach der NS-Diktatur und dem Zweiten Weltkrieg nicht mehr in Frage gestellt, insofern hat hier die Weimarer Demokratie durchaus wichtige wie produktive Weichenstellungen geleistet. Die Auseinandersetzung mit der Weimarer Demokratie vermag schließlich auch den Blick dafür zu schärfen, welche Mentalitäten und soziale Interessen sich bereitwillig und gehorsam einer menschenverachtenden Diktatur unterwarfen und der Logik der »Leitkultur« einer »Volksgemeinschaft« folgten, die individuelle Rechte und soziale wie kulturelle Ansprüche in den Hintergrund stellte.

Zeittafel

1918 29.9.: OHL fordert sofortigen Waffenstillstand und die Parlamentarisierung des Reiches

28.10.: Parlamentarisierungserlass; Matrosen der Kriegsflotte meutern

3.11.: Matrosenaufstand in Kiel, vielerorts Bildung von Arbeiter-und-Soldatenräten

Prinz Max von Baden verkündet die Abdankung des Kaisers und übergibt die Reichskanzlerschaft an Friedrich Ebert (SPD); in Berlin wird zweimal die Republik ausgerufen (Scheidemann, SPD, und Liebknecht, USPD)

11.11.: Unterzeichnung des Waffenstillstands in Compiègne durch Matthias Erzberger

15.11.: Abkommen zwischen Unternehmerverbänden und Gewerkschaften (Stinnes-Legien-Abkommen)

ab 16.12.: Reichsrätekongress in Berlin beschließt Entscheidung für Wahlen zur Nationalversammlung (gegen das Rätemodell)

1919 19.1.: Wahlen zur Nationalversammlung – auch mit Frauenwahlrecht; SPD, Zentrum und DDP erreichen zusammen eine Dreiviertelmehrheit

28.6.: Unterzeichnung des Versailler Vertrags

1920 24.2.: Gründung der NSDAP (Umbenennung der DAP)

März: Kapp-Putsch, scheitert rasch infolge eines Generalstreiks

1921 Rechtsextremisten ermorden demokratische Politiker (u. a. Matthias Erzberger, Walther Rathenau)

1922 Rapallo-Vertrag Deutschlands mit der UdSSR

1923 belgische und französische Truppen besetzen das Ruhrgebiet, bald darauf Verkündung des »passiven Widerstands«

völliger Wertverlust der Reichsmark durch Hyperinflation
9.11.: Hitler-Putsch in München scheitert

1924 Reparationsplan durch Dawes
Hitler wird in einem Prozess wegen Hochverrats zu fünf Jahren Festungshaft verurteilt, wird aber etwa ein halbes Jahr später aus der Haft entlassen

1925 Nach dem Tod Friedrich Eberts wird Paul von Hindenburg zum Reichspräsidenten gewählt
Locarno-Vertrag (deutsche Anerkennung der Westgrenzen)

1926 Deutschland wird in den Völkerbund aufgenommen

1927 Reichstag beschließt Gesetz über Arbeitslosenversicherung

1929 Young-Plan zur Neuregelung der Reparationen
24.10.: Börsensturz in New York (»Schwarzer Freitag«), Beginn der Weltwirtschaftskrise

1930 NSDAP beteiligt sich erstmals an einer Landesregierung (Thüringen)
Arbeitslosigkeit steigt rapide an (3,5 Millionen)
März: Brüning wird Reichskanzler des ersten Präsidialkabinetts
bei der Reichstagswahl steigert NSDAP ihren Stimmenanteil von 2,6 auf 18,3 %

1931 Arbeitslosenzahl erreicht fast fünf Millionen

1932 Höhepunkt der Arbeitslosigkeit (über sechs Millionen)
Wiederwahl Hindenburgs zum Reichspräsidenten, der bald darauf Brüning als Reichskanzler entlässt
Präsidialkabinette von Papen und dann von Schleicher
Konferenz von Lausanne beschließt die endgültige Streichung der Reparationszahlungen
rechtswidrige Absetzung der demokratischen preußischen Regierung (SPD und Zentrum) durch die Reichsregierung

Juli: Bei den Reichstagswahlen erhält die NSDAP über 37 % der Stimmen

August: Hindenburg schlägt Hitler vor, Vizekanzler zu werden, Hitler hingegen fordert für sich die Kanzlerschaft

November: NSDAP erleidet bei den Reichstagswahlen Stimmverluste

1933 4.1.: Geheimtreffen zwischen Hitler und Vertretern der Wirtschaft bei dem Bankier Schroeder in Köln

30.1.: Hindenberg ernennt Hitler zum Reichskanzler, Papen wird Vizekanzler und Alfred Hugenberg (DNVP) Wirtschafts- und Landwirtschaftsminister

I Darstellung

1 Unter gewaltigen Hypotheken: Die Entwicklung einer freiheitlichen Demokratie

Agonie des Kaiserreichs

Bereits 1915 schrieb der berühmte Sozialwissenschaftler Max Weber hellsichtig in einem Aufsatz, der damals noch nicht veröffentlicht worden war: »Die Fortsetzung des Krieges ist auch bei uns höchst wesentlich nicht durch sachlich-politische Erwägungen, sondern durch die Angst vor dem Frieden bedingt. [...] Noch weit mehr aber fürchtet man die innenpolitischen Wirkungen jener Enttäuschungen, welche angesichts der törichten Erwartungen, die nunmehr ins Kraut geschossen sind, in jedem Fall eintreten müssen.« (Zit. nach Peukert, S. 34) Die führenden Eliten des Deutschen Kaiserreichs hatten mit dem Krieg gewaltige Erwartungen auf eine glorreiche deutsche Zukunft geweckt, Deutschland würde zur führenden europäischen Nation aufsteigen, wenn nicht gar eine Weltmachtstellung erringen. An diesen Vorstellungen hielt man fest, obgleich der reale Kriegsverlauf sie rasch als Illusionen entlarvte. Freilich waren während des Kriegs nur sehr wenige Deutsche bereit, sich den politischen und militärischen Realitäten zu stellen. Insbesondere die politische und militärische Führung beschwor die Idee eines »Siegfriedens« auch noch zu einer Zeit, als sich die militärische Katastrophe bereits klar abzeichnete. Die politischen und militärischen Eliten des Kaiserreichs kultivierten vor allem nach 1918 den Mythos, die Deutschen seien nicht an den Kriegsfronten gescheitert, sondern an dem mangelnden Sieges- und Durchhaltewillen der eigenen Bevölkerung.

Als die letzte Regierung des Deutschen Kaiserreichs unter Prinz Max von Baden am 3. Oktober 1918 ein Waffenstillstandsgesuch an den amerikanischen Präsidenten Woodrow Wilson sandte, löste dies in der deutschen Öffentlichkeit einen Schock aus. Die militärische Führung unter Generalfeldmarschall Paul von Hindenburg hatte bislang die Bevölkerung über die wahre Lage an den Fronten getäuscht und an der Vorstellung der Unbesiegbarkeit der deutschen Waffen festgehalten. Vor allem aber durch den Kriegseintritt der USA an der Seite der Alliierten (1917) und nach dem Durchbruch der alliierten Panzer bei Amiens (8. August 1918) durch die deutschen Stellungen mussten sich die führenden Militärs endlich die Kriegsniederlage eingestehen und forderten von der Reichsregierung, dass sofort ein Waffenstillstandsgesuch herausgegeben werden sollte. Die Niederlage stehe unmittelbar bevor. (Vgl. *Quelle 1*) Der österreichisch-ungarische Verbündete bemühte sich seinerseits um einen Sonderfrieden.

Jetzt ging es den führenden Militärs auch darum, wie sie den eigenen Kopf aus der Schlinge ziehen konnten. Sie machten für die Niederlage nicht die eigenen militärischen Fehleinschätzungen verantwortlich, sondern den »inneren Feind«, der der kämpfenden Truppe »in den Rücken gefallen« sei. Bereits während des Ersten Weltkriegs wurde von den Militärs diese ›Dolchstoßlegende‹ erfunden, die das innenpolitische Klima in der Weimarer Republik ganz erheblich belasten, ja geradezu vergiften sollte. Als dann aber die Alliierten eine vollständige Kapitulation forderten und sich nicht bereit zeigten, mit der kaiserlichen Führung zu verhandeln, sondern nur mit einer demokratisch legitimierten Regierung, forderte die militärische Führung eine Fortsetzung des Kriegs.

Um zu retten, was noch zu retten war, verordnete Kaiser Wilhelm II. am 28. Oktober 1918 eine Parlamentarisierung sowie eine gewisse Demokratisierung des Reiches: der Reichskanzler sollte künftig vom Vertrauen des Reichstages abhängig sein, in Preußen sollte das vor allem die Arbeiterschaft diskriminierende preußische Dreiklassenwahlrecht abgeschafft werden. Das entsprach alten Forderungen der Sozialdemokraten und der Linksliberalen. Aber diese Zugeständnisse konnten das diskreditierte alte politische System des Kaiserreichs nicht mehr retten. Wilhelm II. war nicht zu einem Rücktritt bereit, sondern reiste ins Große Hauptquartier im belgischen Spa, um von dort aus mit kaisertreuen Truppen »Ordnung« im Reich zu schaffen.

Im Reich verstärkten sich auch angesichts der Lebensmittelknappheit (bedingt durch die Kriegswirtschaft und die alliierte Seeblockade) die sozialen und politischen Unruhen. Das Vertrauen in die bisherige politische Führung sank weit über die sozialistische Arbeiterbewegung hinaus bis ins bürgerliche Lager auf den Nullpunkt. Die Stimmung unter den Frontsoldaten seit dem Spätsommer 1918 beschreibt Hans-Ulrich Wehler als »verdeckten Militärstreik«: So wären nach Angriffsbefehlen die Unterstände nicht mehr von den Mannschaften verlassen worden. »Hundertausende von leichtverwundeten Soldaten marschierten auf eigene Faust in die Etappe zurück. Viele gingen freiwillig in die Kriegsgefangenschaft. Bis zu einer Million Deserteure und ›Drückeberger‹ setzten sich heimlich nach Osten ab.« (Wehler, Bd. 4, S. 188)

Matrosenmeuterei

In dieser Situation befahl die Seekriegsleitung am 29. Oktober eigenmächtig ein Auslaufen der Flotte gegen die überlegene englische Flotte. Man wollte bei den erwarteten Kämpfen eher »ehrenvoll untergehen«, als die Flotte dem Feind zu überlassen. Zahlreiche Matrosen von Kriegsschiffen, die in Wilhelmshaven lagen, waren über dieses Ansinnen empört, das einem eigentümlichen, längst überlebten soldatischen Ehrenkodex von Offizieren entsprach, und widersetzten sich dem Befehl, worauf etwa 1000 Matrosen von der Marineführung verhaftet und nach Kiel gebracht wurden. Nun überstürzten sich die dramatischen Ereignisse, aus einer lokalen Matrosenmeuterei entfaltete sich rasch eine Revolution, die die Machtverhältnisse im Deutschen Reich umstürzen sollte.

In Kiel kam es zu Massenkundgebungen, die die Freilassung der Matrosen forderten. Dabei wurde erstmalig ein Soldatenrat gewählt, der demokratische Rechte forderte. Ein Versuch, die Gefangenen zu befreien, scheiterte zunächst, aber am 4. November war Kiel unter der Kontrolle der meuternden Soldaten und Matrosen. In anderen Hafenstädten vollzogen sich sehr rasch ähnliche Bewegungen und bald gab es in vielen deutschen Städten Arbeiter-und-Soldatenräte, die jeweils in den Städten die Macht übernahmen. Der Versuch, die Aufstände militärisch niederzuschlagen, scheiterte kläglich, selbst als »zuverlässig« eingeschätzte Truppen schlossen sich den Aufständischen an. (Vgl. *Quelle* 2)

Die Arbeiter-und-Soldatenräte

In den jeweiligen Truppeneinheiten wählten die Soldaten Soldatenräte, in den Fabriken bildeten sich Arbeiterräte. Dabei spielten örtliche Funktionäre der Arbeiterbewegung eine wichtige Rolle. Diese Arbeiter-und-Soldatenräte verstanden sich als oberste Exekutivmacht. Sie kontrollierten die kommunalen Verwaltungen, sofern deren Vertreter sich angesichts der Unruhen noch nicht weggeduckt hatten. Ohne nennenswerte Gewalthandlungen dankten rasch die fürstlichen und königlichen Landesherren ab. Aber auch so mancher Polizeipräsident, der im Kaiserreich die Arbeiterschaft und deren Organisationen schikaniert hatte, zog sich zurück. Das entstehende Machtvakuum wurde von den Arbeiter-und-Soldatenräten ausgefüllt.

Kaiser Wilhelm II. hatte sich allen Aufforderungen, endlich

abzudanken, widersetzt, auch den Appellen seines Reichskanzlers Prinz Max von Baden. Dieser verkündete nun angesichts der Massenunruhen, die rasch auch Berlin erreicht hatten, eigenmächtig am 9. November, dass der Kaiser abgedankt habe, und er ernannte – in offen verfassungswidriger Weise – den Führer der Mehrheitssozialdemokratie, Friedrich Ebert, zum neuen Reichskanzler. Kurz darauf riefen – ohne Absprache – Philipp Scheidemann (SPD) vom Reichstagsgebäude die Republik aus, kurz darauf Karl Liebknecht im Berliner Lustgarten die »freie sozialistische Republik«.

In der folgenden Nacht telefonierte Ebert noch mit General Groener, dem Chef der Obersten Heeresleitung, über die zukünftige Rolle des Militärs in der neuen Ordnung. Groener versprach dem neuen Reichskanzler die loyale Haltung des Militärs, wenn die Armee freie Hand bei der Bekämpfung linksradikaler »bolschewistischer« Kräfte bekäme. Tatsächlich nutzte die Armee ihre neue Stellung im Staat, um brutal und blutig gegen Gruppen vorzugehen, die eine weitergehende Revolution anstrebten. Bereits in der Novemberrevolution zeichnete es sich ab, dass die Armee einen »Staat im Staate« bilden wollte und kaum bereit war, sich der neuen demokratischen politischen Führung unterzuordnen. Dies sollte sich insbesondere in den Krisenzeiten während des Kapp-Putsches 1920 und wieder bei den Unruhen im Umkreis des Hitler-Putsches 1923 zeigen. Die prekären Folgen der Sonderstellung der Militärs, die sich erfolgreich der politischen Kontrolle entzogen hatten, zeigten sich insbesondere in den ersten Krisenjahren der jungen Demokratie (1919–23) und wieder in der Agonie der Republik seit 1930.

Die Rolle von Friedrich Ebert ist schon damals wie auch später in der historischen Forschung lebhaft debattiert worden: Ging es ihm primär um Eindämmung oder gar Unterdrückung der linkssozialdemokratischen und linksradikalen putschistischen Strömungen im Umkreis der kurz zuvor gebildeten KPD, also um die Abwehr revolutionärer Bestrebungen und um die Aufrechterhaltung der bestehenden Ordnung und die Stabilisierung der Staatsautorität? Oder suchte er das breite Bündnis mit politischen Kräften, um die neue Ordnung – deren Konturen sich ja am 9. November noch keineswegs abzeichnen konnten – auf eine möglichst breite Basis zu stellen? Die politische Haltung Eberts vertiefte jedenfalls die Spaltung der Arbeiterbewegung. Die beiden Arbeiterparteien, die SPD und die kurz nach diesen Ereignissen gegründete KPD, bekämpften sich gegenseitig erbittert wie unversöhnlich. Diese Feindschaft stellte eine große Hypothek für die neue demokratische Ordnung dar, zumal die KPD wenige Jahre später eine breite Anhängerschaft in der Arbeiterschaft gewann und zu einer Massenpartei wurde, deren Anhänger und Wähler die Weimarer Ordnung vehement ablehnten und teilweise auch aktiv bekämpften.

Ebert bildete in den nächsten Tagen mit Vertretern der von der SPD abgespaltenen USPD den »Rat der Volksbeauftragten«, also die vorläufige Regierung. Dieser Rat kooperierte mit der alten kaiserlichen staatlichen Ministerialbürokratie, die im Amt belassen wurde. Die Loyalität dieser hohen Staatsbeamten galt aber nur begrenzt der neuen SPD-Führung, kaum aber der der USPD. Während die SPD auf die Zusammenarbeit mit den Repräsentanten des alten Regimes meinte bauen zu müssen und vertrauen zu können, begegneten sich die USPD und die alte Staatsbürokratie bei der Bewältigung der neuen äußerst schwierigen Aufgaben mit Misstrauen und großer Skepsis. Dass zahlreiche Angehörige der alten kaisertreuen Eliten in ihren Stellungen blieben, sollte sich für die junge Demokratie als belastend erweisen, auch für Friedrich Ebert persönlich, als er sich gegen abfällige, denunziatorische Angriffe auf seine Person juristische Hilfe erhoffte – sie wurde ihm nicht zuteil.

Am 11. November 1918 unterzeichnete Matthias Erzberger in einem Salonwagen im Wald von Compiègne die Kapitulationserklärung. Die Kapitulationsbedingungen nahmen bereits einige Bestimmungen des späteren Versailler Vertrags vorweg, u.a. die Annullierung des Friedens von Brest-Litowsk (s. S. 33ff.) mit Sowjetrussland oder die Besetzung rechtsrheinischer Brückenköpfe bei Mainz/Wiesbaden, Koblenz und Köln. Außerordentlich fatal war es, dass ein führender Repräsentant der neuen Ordnung diesen Vertrag unterzeichnete und nicht politische oder militärische Kräfte, die für den Krieg und die Niederlage die Verantwortung trugen.

Wenige Tage nach diesen Ereignissen trafen sich führende Repräsentanten der Arbeitgeber und der Gewerkschaften. Die Arbeitgeber waren mit massiven Sozialisierungsforderungen der Arbeiterbewegung (SPD und Gewerkschaften) konfrontiert und wollten diesen radikalen Vorstellungen mit einem beachtlichen Entgegenkommen die Spitze brechen. Mit dem sogenannten Stinnes-Legien-Abkommen (*Quelle 4*) wurden die Gewerkschaften von den Unternehmern als »berufene Interessenvertretung« der Arbeiterschaft anerkannt, man vereinbarte den achtstündigen Arbeitstag (ein Versprechen, das allerdings rasch wieder zurückgenommen wurde), in Betrieben mit mehr als 50 Arbeitern sollte ein »Arbeiterausschuss« gewählt werden, aus dem später die Betriebsräte hervorgingen. Als Gegenleistung verzichteten die Gewerkschaften auf die unmittelbare Sozialisierung. – Dieses Arrangement zwischen Kapital und Arbeit zerbrach indes in den späten 1920er Jahren an der Frage der Arbeitslosenversicherung – eine von vielen Ursachen für das Scheitern der ersten deutschen Demokratie. (Vgl. *Quelle 9*)

In diesen Tagen strukturierte sich auch das Parteiensystem teilweise neu. Von der SPD hatte sich bereits während des Weltkriegs die USPD abgespalten, die den Krieg grundsätzlich ablehnte und die staatsloyale Haltung und die kriegsunterstützende Politik der SPD vehement kritisierte. Die USPD konnte rasch eine beachtliche Anhängerschaft in der Arbeiterschaft finden, die unter schwierigsten materiellen und rechtlichen Bedingungen im Krieg arbeitete. Sie kooperierte zwar mit der SPD in der Übergangsregierung, im Rat der Volksbeauftragten, allerdings waren die Wunden, die man sich gegenseitig geschlagen hatte, und das gegenseitige Misstrauen tief.

Auf dem linken Flügel innerhalb der USPD formierte sich während des Weltkriegs der Spartakusbund, der die Kriegspolitik des Deutschen Reichs ebenso wie die USPD grundsätzlich ablehnte und als imperialistisch geißelte. Alle führenden Vertreter des Spartakusbundes waren während des Weltkriegs inhaftiert, wozu die SPD schwieg.

Aus dieser Gruppe konstituierte sich zum Jahreswechsel 1918/19 die KPD. Sie orientierte sich rasch am »erfolgreichen« sowjetischen Vorbild. Die KPD war zunächst eine Splitterpartei, durch den Zusammenschluss mit Teilen der USPD wurde sie 1922 zu einer Massenpartei, die der neuen »bürgerlichen« Ordnung kritisch bis feindselig gegenüberstand. Ihren Hauptgegner sah sie später vor allem in der Sozialdemokratie (vgl. *Quelle 12*), die die Interessen der Arbeiterschaft »verraten« habe und mit bürgerlichen Kräften gegen proletarische Interessen zusammenarbeite. Diese Spaltung der Arbeiterbewegung sollte sich ebenfalls als fatal für die Stabilität der neuen Ordnung erweisen. Erst als SPD und KPD im »Dritten Reich« gemeinsam brutal verfolgt wurden, knüpften die bitter verfeindeten Flügel der Arbeiterbewegung erste zaghafte, aber wenig tragfähige Gesprächsfäden.

Das 1870 gegründete katholische »Zentrum« stand in einer gewissen Oppositionshaltung zum protestantisch dominierten Kaiserreich, auch wirkten die repressiven Maßnahmen des Kulturkampfs nach, als Reichskanzler Bismarck 1870 gegen die katholische Kirche vorging. Daher konnte sich die Zentrumspartei, anders als die übrigen bürgerlichen Parteien, 1918 leichter in die neue demokratische Ordnung fügen. Sie rekrutierte sich aus allen sozialen Schichten, entsprach also programmatisch wie ihrer Sozialstruktur nach am ehesten einer Volkspartei. Deshalb konnte sie sowohl mit der eher links orientierten Sozialdemokratie zusammenarbeiten wie auch mit bürgerlich-konservativen Kräften.

Während des Weltkriegs (1917) formulierte das »Zentrum« mit den Sozialdemokraten und den Linksliberalen im sogenannten Interfraktionellen Ausschuss die Friedensresolution, die auf einen Verständigungsfrieden und nicht auf einen »Siegfrieden« abzielte. Die Partei war in allen Koalitionsregierungen seit 1919 bis 1930 vertreten. – 1928 vollzog die Zentrumspartei mit der Wahl des Prälaten Ludwig Kaas zum Parteivorsitzenden einen scharfen Rechtsruck. Ihr Ideal war nun nicht mehr der demokratische Verfassungsstaat, sondern eher eine autoritäre Ordnung, die einem starken »Führertum« huldigte. In diesem Wandel der Zentrumspartei reflektiert sich gleichsam die Ablehnung einer demokratischen Ordnung in immer weiteren Teilen des Bürgertums. Wie die anderen bürgerlichen Parteien auch verkannte sie die Gefahren durch die nationalsozialistische Bewegung und unterstützte Maßnahmen, die Hitler den Weg ebneten.

Im bürgerlichen Lager gab es ebenfalls weitreichende Veränderungen. Aus Teilen der Fortschrittlichen Volkspartei und Nationalliberalen konstituierte sich die DDP, die die neue politische Ordnung begrüßte und unterstützte. Sie gewann bei den

Wahlen zur Nationalversammlung (19. Januar 1919) 18,5% der Stimmen und koalierte zunächst mit der SPD und dem Zentrum (diese Konstellation wird als »Weimarer Koalition« bezeichnet). Die von Bismarck im Kaiserreich geschmähten »Reichsfeinde« (Zentrum, SPD, Linksliberale) hatten bereits im Kaiserreich und während des Ersten Weltkriegs teilweise politisch zusammengearbeitet. An der Ausarbeitung der Weimarer Reichsverfassung waren Vertreter der DDP maßgeblich beteiligt. Dass die DDP rasch ihre Anhängerschaft im Bürgertum verlor und zu einer Splitterpartei herabsank, demonstriert die wachsende Republik- oder Demokratiefeindlichkeit in Teilen des Bürgertums.

Im Dezember 1918 bildete sich ebenfalls aus Teilen der liberalen bürgerlichen Strömungen des Kaiserreichs die Deutsche Volkspartei (DVP), die zur neuen Ordnung eine eher schwankende, uneindeutige Haltung einnahm. Sie fand großzügige Unterstützung seitens der Industrie und vertrat auch deren Interessen sowie die des alten Mittelstandes. Teile der DVP trauerten dem Kaiserreich und Wilhelm II. nach. Gustav Stresemann, zeitweise Kanzler und als Außenminister eine der herausragenden Führungspersönlichkeiten der Weimarer Republik, konnte die DVP zeitweise an die neue Ordnung binden, nach dem Tod Stresemanns (1929) rückte die Partei dann wieder deutlich nach rechts.

Bezeichnend für die Deutschnationale Volkspartei (DNVP) ist es, dass der Gründungsaufruf in der reaktionären *Neuen Preußischen Zeitung* (*Kreuzzeitung*) publiziert wurde. Hier versammelten sich die konservativen Eliten und Repräsentanten des Großbürgertums, Großagrarier, Industrielle, Hochschullehrer, evangelische Geistliche, aber auch Vertreter von christlichsozialen wie völkisch-antisemitischen Strömungen. Während die DVP zur Frage der Monarchie gespalten war, vertrat die DNVP hier eine eindeutige Linie. Der DNVP-Abgeordnete Graf v. Posadowsky-Wehner beschwor 1919 bei der Debatte um den Versailler Friedensvertrag die allgemeine Wehrpflicht als wahren »Jungbrunnen«, sie leiste »eine Erziehung des Volkes in hygienischer, in sittlicher Beziehung«. Die DNVP lehnte die demokratische Ordnung vehement ab, war aber zeitweise in Koalitionsregierungen vertreten.

Sie formierte 1931 mit der NSDAP, dem Alldeutschen Verband, dem Stahlhelm und dem Bund der Frontsoldaten sowie dem Reichslandbund die gegen die Politik von Heinrich Brüning (Zentrum) gerichtete Harzburger Front und bildete 1933 gemeinsam mit der NSDAP eine Koalitionsregierung unter der Reichskanzlerschaft Hitlers, die ganz bewusst der demokratischen Republik den Todesstoß versetzte. Bei Wahlen errang die DNVP in den Nachkriegsjahren bis zu 21%, verlor aber seit 1930 viele Wähler an die nationalsozialistische Konkurrenz, die demagogischer und hemmungsloser Wahlkampf betreiben konnte als die großbürgerliche DNVP.

Am rechten politischen Rand konkurrierten seit 1919 mehrere völkisch-antisemitische Splitterparteien, die in der Nachkriegszeit noch keine größere Rolle spielten. Die 1920 gegründete NSDAP schaffte erst 1930 den Sprung zur Massenpartei. Aus dem politischen Umfeld der DNVP und rechter Splittergruppierungen rekrutierten sich Personen, die für eine Reihe von politischen Morden verantwortlich waren, u.a. an Karl Liebknecht und Rosa Luxemburg (KPD), Matthias Erzberger (Zentrum) oder dem Außenminister Walther Rathenau (DDP). Die Weimarer Justiz urteilte über diese Verbrecher mit großer Zurückhaltung, da die Täter aus »ehrenvollen«, »nationalen« Motiven handelten, die großzügig Respekt und Anerkennung verdienten. Neben den Parteien übten während der

	Nationalvers. 19. Jan. 1919		1. Reichstag 6. Juni 1920		2. Reichstag 4. Mai 1924		3. Reichs 7. Dez. 1
Wahlberechtigte	34,0 Mio.		35,9 Mio.		38,4 Mio.		39,0 M
Wahlbeteiligung in %	83,0 %		79,2 %		77,4 %		78,8 %
Gesamtzahl der gültigen Stimmen	30,4		28,2		29,3		30,3
	Anz. d. Mandate	in % d. gült. St.					
NSDAP	—	—	—	—	32	6,5	14
Deutschnationale Volkspartei	44	10,3	71	15,1	95	19,5	103
Konservative Volkspartei	—	—	—	—	—	—	—
Christlich sozialer Volksdienst	—	—	—	—	—	—	—
Landbund	—	—	—	—	10	2,0	8
Christlich-nationale Bauern- und Landvolkspartei	—	—	—	—	—	—	—
Deutsche Bauernpartei	—	—	—	—	—	—	—
Volksrechtpartei	—	—	—	—	—	—	—
Deutsche Volkspartei	19	4,4	65	13,9	45	9,2	51
Wirtschaftspartei/Bayerischer Bauernbund	4	0,9	4	0,8	10	2,4	17
Deutschhannoversche Partei	1	0,2	5	1,1	5	1,1	4
Bayerische Volkspartei	—	—	21	4,2	16	3,2	19
Zentrum	91	19,7	64	13,6	65	13,4	69
Deutsche Demokratische Partei (seit 1930 Deutsche Staatspartei)	75	18,5	39	8,3	28	5,7	32
SPD	163	37,9	102	21,7	100	20,5	131
USPD	22	7,6	84	17,9	—	0,8	—
KPD	—	—	4	2,1	62	12,6	45
Splitterparteien	2	0,5	—	1,3	4	3,1	—
Gesamtzahl der Abgeordneten	421		459		472		49

Wahlergebnisse bei den Reichstagswahlen 1913–33

…eichstag …Mai 1928	5. Reichstag 14. Sept. 1930		6. Reichstag 31. Juli 1932		7. Reichstag 6. Nov. 1932		8. Reichstag 5. März 1933	
…2 Mio.	43,0 Mio.		44,2 Mio.		44,4 Mio.		44,7 Mio.	
…5,6 %	82,0 %		84,1 %		80,6 %		88,8 %	
…8 Mio.	35,0 Mio.		36,9 Mio.		35,5 Mio.		39,3 Mio.	
2,6	107	18,3	230	37,4	196	33,1	288	43,9
14,2	41	7,0	37	5,9	52	8,9	52	8,0
—	4	0,8	—	—	—	—	—	—
—	14	2,5	3	1,0	5	1,2	4	1,0
0,6	3	0,6	2	0,3	2	0,3	1	0,2
1,9	19	3,2	1	0,3	—	0,1	—	—
1,6	6	1,0	2	0,4	3	0,4	2	0,3
1,6	—	0,8	1	0,1	—	—	—	—
8,7	30	4,5	7	1,2	11	1,9	2	1,1
4,5	23	3,9	2	0,4	1	0,3	—	—
0,6	3	0,5	—	0,1	1	0,2	—	0,1
3,1	19	3,0	22	3,2	20	3,1	19	2,7
12,1	68	11,8	75	12,5	70	11,9	73	11,2
4,9	20	3,8	4	1,0	2	1,0	5	0,9
29,8	143	24,5	133	21,6	121	20,4	120	18,3
0,1	—	—	—	—	—	—	—	—
10,6	77	13,1	89	14,5	100	16,9	81	12,3
3,1	—	0,7	—	0,1	—	0,3	—	—
…91	577		608		584		647	

Weimarer Republik auch politische und paramilitärische Verbände erheblichen Einfluss aus:

Als »Alldeutscher Verband« (»alldeutsch«, eine Steigerungsform von »deutsch«) bezeichneten sich die Anhänger einer Ende des 19. Jahrhunderts entstandenen politischen Bewegung, die die Stärkung des deutschen Nationalbewusstseins mit völkischen und imperialistischen Zielsetzungen verbanden. Die Alldeutschen forderten eine Ausweitung des deutschen Einflusses und Lebensraums, traten für eine imperialistische Kolonialpolitik und den Flottenbau ein. Während des Ersten Weltkriegs vertraten sie ein Annexionsprogramm sowie eine deutsche Hegemonialstellung in Europa, Afrika und dem Nahen Osten.

Die Alldeutschen rekrutierten sich aus dem Adel sowie dem gehobenen Besitz- und Bildungsbürgertum, und obwohl ihre Mitgliederzahl gering war, hatten sie auf die öffentliche Meinung einen großen Einfluss. In der Weimarer Republik forderten sie die Errichtung einer »nationalen Diktatur« und die Bekämpfung »fremden Volkstums«. 1931 schlossen sich die Alldeutschen der Harzburger Front an. Im »Dritten Reich« löste sich der nun bedeutungslos gewordene Alldeutsche Verband 1939 auf.

Die verschiedenen parteipolitischen Lager der Weimarer Republik schufen sich paramilitärische Verbände, die SPD das »Reichsbanner Schwarz Rot Gold«, die Kommunistische Partei den »Rotfrontkämpferbund«, die republikfeindlichen, monarchistisch orientierten Strömungen den bereits 1918 gegründeten »Stahlhelm Bund der Frontsoldaten.« Der »Stahlhelm« wollte allen – nichtjüdischen – ehemaligen Frontsoldaten eine politische Heimat und Wirkungsstätte bieten. Er verstand sich gleichsam als eine Ergänzung oder personelle Reserve für die Reichswehr, die durch den Versailler Vertrag auf ein 100 000 Mann großes Berufsheer beschränkt worden war. Finanziell unterstützt wurden der »Stahlhelm« von Großgrundbesitzern und Unternehmern. Er umfasste rund eine halbe Million Mitglieder. Politisch erstrebte der der DNVP nahestehende Stahlhelm nicht nur die Revision des Versailler Vertrags und einen »Lebensraum im Osten«, sondern auch die Beseitigung der Demokratie durch eine ständestaatliche Ordnung. 1931 arbeiteten Stahlhelm und NSDAP zeitweise in der »Harzburger Front« zusammen.

Der 1921 gegründete, ebenfalls der DNVP nahestehende »Reichslandbund« verfolgte die materiellen und politischen Interessen der Bauern und insbesondere der (protestantischen adeligen) Großgrundbesitzer. Er stand einerseits in Opposition zur Arbeiterbewegung, aber auch zur Großindustrie, die andere wirtschaftspolitische Zielvorstellungen vertrat, und bemühte sich um politischen Einfluss auf die Landbevölkerung. Der Reichslandbund unterstützte u.a. bei der Reichspräsidentenwahl 1932 die republikfeindlichen Kandidaten.

Die Nationalversammlung

Bereits im Dezember 1918 stimmte der Reichsrätekongress in Berlin mit übergroßer Mehrheit den Wahlen zu einer Nationalversammlung zu. Diese fanden am 19. Januar 1919 statt. Um nicht unter dem Druck der Straße beraten und verhandeln zu müssen, wählte die Nationalversammlung Weimar (hier residierten im 18. Jahrhundert bedeutende Dichter und Denker wie Goethe, Schiller oder Schopenhauer) als Tagungsort, daher auch die Bezeichnung »Weimarer Republik«. Die Nationalversammlung wählte den Sozialdemokraten Friedrich Ebert zum Reichspräsidenten und Philipp Scheidemann (ebenfalls SPD) zum Reichskanzler. Des weiteren ging es um die Ausarbeitung einer Verfassung und später um die Unterschrift unter den Versailler Vertrag.

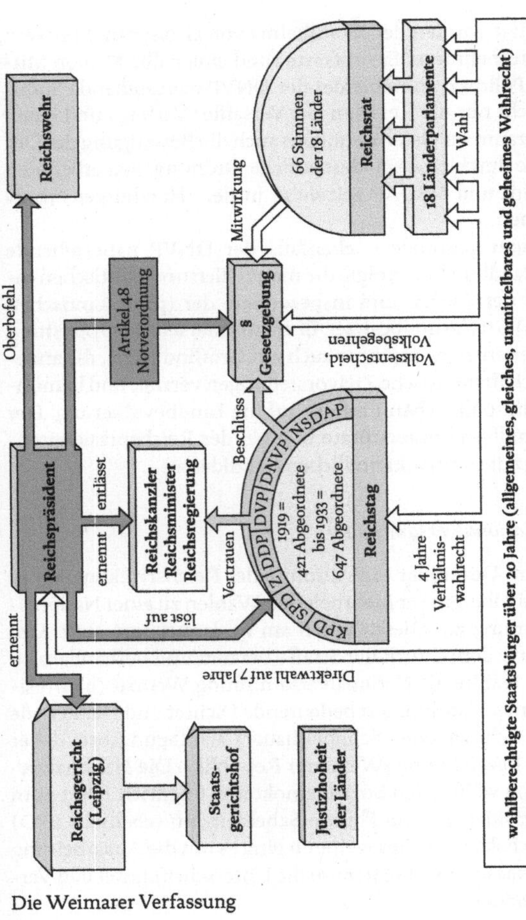

Die Weimarer Verfassung

Debattiert wurde in der Nationalversammlung ein von Hugo Preuß – einem Professor für Staatsrecht und Gründungsmitglied der DDP – entwickelter Verfassungsentwurf. Preuß hatte in den Revolutionstagen einen programmatischen Artikel zum Thema »Volksstaat oder verkehrter Obrigkeitsstaat« verfasst. Er warf der Revolutionsregierung vor, dass sie den Obrigkeitsstaat mit anderen Mitteln fortsetze; das Bürgertum müsse aber endlich seine »Schlappheit und Servilität« ablegen und die Chancen der Revolution rasch nutzen, um eine liberale Volksherrschaft zu etablieren. Die von ihm entworfene Weimarer Verfassung wird gelegentlich als die demokratischste Verfassung in der deutschen Geschichte gedeutet.

Während in der Verfassung des Kaiserreichs die Länder eine starke Stellung und sogar noch einige Hoheitsrechte innehatten, bekam die neue Verfassung eine unitarische, also eine eher zentralistische Struktur. Die Staaten wurden in Reichsländer umgewandelt, die über den Reichsrat eine mitberatende Funktion bekamen. Der nach dem gleichen, allgemeinen und geheimen Wahlrecht (auch Frauenwahlrecht!) zu wählende Reichstag hatte das Recht der Gesetzgebung und der Kontrolle der Regierung. Der Reichspräsident wurde mit beachtlichen Vollmachten ausgestattet, er sollte gleichsam als »Ersatzkaiser« ein Gegengewicht gegenüber dem Reichstag darstellen. Er wurde auf sieben Jahre durch das Volk gewählt, hatte das Recht der Reichstagsauflösung (Art. 25 WRV) sowie den Oberbefehl über die Armee.

Besonders weitreichend war das Notverordnungsrecht des Präsidenten, der Artikel 48: »Der Reichspräsident kann, wenn die öffentliche Sicherheit und Ordnung erheblich gestört oder gefährdet wird, die zur Wiederherstellung der öffentlichen Sicherheit und Ordnung […] erforderlichen Maßnahmen treffen, erforderlichenfalls mit Hilfe der bewaffneten Macht einschreiten.« Er durfte vorübergehend Grundrechte außer Kraft setzen.

Die Maßnahmen waren aber auf Verlangen des Reichstages wieder außer Kraft zu setzen. Allerdings konnte der Reichspräsident durch Artikel 25 gleichsam das Parlament »erpressen«, denn er konnte das Parlament auflösen und Neuwahlen anordnen.

In diesem berühmten Notverordnungsparagraphen reflektiert sich ein gewisses Misstrauen gegen die Macht des Parlaments bzw. gegen die »Parteienherrschaft«. Als die Nationalversammlung diesen folgenreichen Artikel formulierte, hatte sie den als persönlich integer und als demokratisch verlässlich geltenden Friedrich Ebert vor Augen. Er würde seine Macht als Reichspräsident wohl kaum gegen demokratische Institutionen einsetzen. Sein Nachfolger, Paul von Hindenburg, hat indes diesen Artikel wiederholt missbräuchlich angewendet. Durch die berüchtigte »Notverordnung zum Schutz von Volk und Staat«, die so genannte Brandverordnung, unmittelbar nach dem Reichstagsbrand am 27. Februar 1933 verkündet, wurde schließlich der nationalsozialistische Terror legitimiert und die Demokratie endgültig beseitigt.

Die Nationalversammlung schuf auch die Möglichkeit einer Gesetzgebung direkt durch das Volk durch Volksbegehren und Volksentscheide. Tatsächlich war kein Volksentscheid in der Weimarer Republik erfolgreich, aber die Plebiszite (etwa zur Fürstenenteignung 1926 oder gegen den Young-Plan 1929) boten einigen radikalen Parteien die Gelegenheit zu zusätzlichen Wahlkämpfen, die von scharfer Demagogie geprägt waren. Die Verfassung der Bundesrepublik, das Grundgesetz, erhielt daher keine entsprechenden plebiszitären Elemente. Der Grundrechtekatalog der Weimarer Verfassung umfasste im übrigen die klassischen bürgerlichen Grundrechte.

Häufig werden »strukturelle Mängel« der Weimarer Verfassung für das Scheitern der ersten deutschen Demokratie verantwortlich gemacht, etwa das Fehlen einer 5%-Hürde oder das reine Verhältniswahlrecht, das den Wählerwillen am gerechtesten widerspiegelte. Diese Argumentation ist allerdings wenig plausibel, denn die Wahlerfolge der NSDAP seit 1930 wären durch eine andere Verfassung oder eine 5%-Hürde nicht verhindert worden. Allerdings war es fatal, dass der zweite Reichspräsident Hindenburg mit Artikel 48 über sehr weitreichende Kompetenzen verfügte, die er dann konsequent für die Demontage der liberalen Demokratie einsetzte.

Der Versailler Vertrag

Während die Nationalversammlung über die republikanische neue Verfassung beriet, tagten die alliierten Siegermächte in Versailles. Ein entscheidendes Gewicht hatten dabei die »großen Drei«: der amerikanische Präsident Woodrow Wilson, der englische Premierminister Lloyd George sowie der französische Ministerpräsident Georges Clemenceau. Die Siegermächte wollten mit einem Völkerbund (einer Vorläufereinrichtung der UNO) eine Institution aus der Taufe heben, die künftige zwischenstaatliche wie internationale Konflikte friedlich beilegen sollte. Ferner ging es um eine Neuordnung Europas und schließlich um die Friedensbedingungen, die Deutschland auferlegt werden sollten. (vgl. *Quelle* 5)

Während die USA und England eher für moderate Bedingungen gegenüber dem besiegten Deutschen Reich plädierten, immerhin war für England ein wichtiger Konkurrent auf den Weltmärkten und als Kolonialmacht bereits entscheidend geschwächt, ging es dem durch deutsche Truppen stark zerstörten und um seine künftigen Sicherheitsinteressen besorgten Frankreich darum, Deutschland wirtschaftlich und militärisch nachhaltig zu schwächen. Ein neu gegründeter polnischer Staat, der enge Verbindungen zu Frankreich unterhielt, sollte ebenfalls diesem französischen Sicherheitsinteresse dienen.

Die deutsche Delegation war in Versailles nicht unmittelbar an den Verhandlungen beteiligt, sie wurde vielmehr diskriminierend behandelt. Das unterscheidet diese Friedensverhandlungen grundsätzlich etwa von den Verhandlungen auf dem Wiener Kongress, bei dem das besiegte Frankreich eine starke wie gleichberechtigte Stellung eingeräumt bekam. Der Wiener Kongress konnte u.a. deshalb – im Gegensatz zum Versailler Vertrag – auch eine dauerhafte Friedensordnung in Europa begründen.

Frankreich konnte seine Interessen in Versailles weitestgehend durchsetzen, die Friedensbedingungen sollten Deutschland entscheidend schwächen.

Durch den Vertrag sollte Deutschland u.a.

- alle seine früheren Kolonien verlieren
- 13% seiner Fläche mit 10% seiner Bevölkerung an andere Staaten abtreten, vor allem in Oberschlesien und an der deutsch-dänischen Grenze sollten Volksabstimmungen stattfinden
- Elsass-Lothringen wieder an Frankreich zurückgeben
- die Gebiete um Eupen und Malmedy an Belgien abtreten
- ostdeutsche Regionen dem neu zu errichtenden Staat Polen abtreten
- das kohlereiche Saargebiet unter Völkerbundverwaltung stellen
- auf eine Vereinigung mit Österreich verzichten
- seine Armee drastisch auf 100000 Mann reduzieren (ohne allgemeine Wehrpflicht)
- keine schweren Waffen (Panzer, Kriegsschiffe, Flugzeuge, U-Boote) besitzen
- am linken Rheinufer und rechts des Rheins eine entmilitarisierte Zone schaffen
- »Kriegsverbrecher« ausliefern

- Reparationen in zunächst nicht näher bestimmter Höhe entrichten, und schließlich
- die »alleinige Kriegsschuld« (Art. 231) übernehmen.

Weiterhin wurde der Russland aufgezwungene Friedensvertrag von Brest-Litowsk annulliert.

Diesen am 3. März 1918 geschlossenen Vertrag zwischen den Mittelmächten und Sowjetrussland sah man als »Raub-« oder »Diktatfrieden« an. Russland bzw. Sowjetrussland hatte mit ihm erhebliche Gebietsabtretungen hinnehmen müssen: Selbständig (allerdings unter dem Protektorat der Mittelmächte) werden sollten u.a. Finnland, Livland, Estland, Kurland, die polnischen Teilungsgebiete, Litauen, Ukraine, Georgien, insgesamt ein Territorium mit 60 Millionen Einwohnern, das große landwirtschaftlich nutzbare Flächen umfasste sowie wichtige Zentren der Montanindustrie. Die sowjetische Regierung hatte durch den erzwungenen Frieden die Ergebnisse der Oktoberrevolution stabilisieren wollen, die Mittelmächte hatten sich dadurch eine militärische Entlastung versprochen, da nun im Zweifrontenkrieg eine Front wegfiel. Tatsächlich aber bewirkte der Friedensvertrag nicht die erhoffte militärische Entlastung.

Als diese Versailler Friedensbedingungen in Deutschland bekannt wurden, erhob sich über alle Parteigrenzen hinweg ein Sturm der Entrüstung. Einwände der deutschen Delegation in Versailles wurden brüsk zurückgewiesen, und der Reichsregierung wurde ein eng befristetes Ultimatum gesetzt. Der Reichskanzler erklärte in der Nationalversammlung den Vertrag für »unannehmbar« und trat zurück. Reichswehrminister Gustav Noske (SPD) und später auch Reichspräsident Ebert erörterten sogar mit Generälen der Obersten Heeresleitung, wie aussichtsreich eine Wiederaufnahme der militärischen Kämpfe sei. Der frühere Generalfeldmarschall Hindenburg zog gar einen »ehrenvollen Untergang« einem »schmählichen Frieden« vor. Andere Militärs erwogen einen »Volkskrieg« gegen die Alliierten. Die Führung der Reichswehr versteckte sich somit hinter Formulierungen, mit denen sie »ihr Gesicht« wahren konnte, schob aber die Verantwortung für die Unterzeichnung des Vertrags Zivilisten zu. Unter diesem ungeheuren Druck beschloss die Nationalversammlung – vor allem gegen das Votum der Deutschnationalen Volkspartei, deren Repräsentanten noch einige Jahre zuvor von einer »Weltmacht Deutschland« gesprochen und den Weltkrieg mit heraufbeschworen hatten – die Unterzeichnung des Versailler Vertrags.

Eine gelassene und distanzierte Diskussion oder Erörterung der Chancen und Probleme des Versailler Vertrags war in der aufgeheizten Situation kaum möglich, geschweige denn eine Anerkennung einer deutschen Mit- oder Alleinschuld am Ersten Weltkrieg. Verbreitet und allgemein akzeptiert war damals die Vorstellung, dass Deutschland 1914 von »feindlichen Mächten eingekreist« und »überfallen« worden sei, Deutschland sei der Krieg »aufgezwungen« worden. Daher seien die Friedensbedingungen völlig ungerecht und inakzeptabel. Noch nach dem Zweiten Weltkrieg wurden in den 1960er Jahren Historiker, die kritische Fragen an diese Deutung stellten oder es wagten, an diesem Mythos zu rütteln, massiv attackiert.

In der Weimarer Republik wurden die politischen Parteien, die – gezwungenermaßen – zustimmten, den Versailler Vertrag zu unterzeichnen, von »nationalen« Parteien und der politischen Rechten als »Vaterlandsverräter« diffamiert.

Die Nicht-Auseinandersetzung mit den Ursachen des Ersten Weltkriegs hat die neue demokratische Ordnung von Anfang an schwer belastet, sie kann als eine zentrale Voraussetzung für den späteren Sieg der NSDAP gelten. Dass die neue politische Führung der Weimarer Republik meinte, sich mit Repräsentanten der alten Ordnung arrangieren zu müssen (etwa beim Ebert-Groener-Bündnis), sollte sich bald als kaum erträgliche Hypothek für die Demokratie erweisen. Einige Repräsentanten der neuen Ordnung – wie etwa Erzberger oder Rathenau – mussten das mit ihrem Leben bezahlen. Die Mörder wurden häufig von der Justiz äußerst glimpflich behandelt, denn sie handelten ja aus »ehrenvollen« »nationalen« Motiven. – Die Chancen, die der Vertrag der jungen Republik bot, wurden erst durch die Historiographie der späteren Bundesrepublik ernsthaft diskutiert.

Elitenkontinuität

Damit wird eine weitere Hypothek der Weimarer Republik berührt. Die Politiker, die durch die revolutionären Ereignisse von 1918 an die Macht gelangten, suchten entweder eine Verständigung mit den ehemaligen Eliten des Kaiserreichs oder meinten gar, auf ihre Kompetenzen und Mitarbeit in der neuen Ordnung nicht verzichten zu können. Dies betrifft vor allem die Bereiche Militär, Justiz, staatliche Verwaltung (vor allem Polizei), Schulen und Hochschulen sowie die Kirchen. Die führenden Repräsentanten in diesen gesellschaftlichen Bereichen verdankten ihre Stellung dem Kaiserreich, und diesem gehörte auch ihre Loyalität. Sie blieben in den allermeisten Fällen in der Weimarer Republik in ihren Positionen und hegten wenig Sympathie für die neue demokratische Ordnung. Die im Kaiserreich ausgebildeten und berufenen Richter urteilten in der Weimarer Republik kaum gemäß republikanisch-demokratischen Prinzipien, sondern noch im Geist des Kaiserreichs. Ähnliches gilt für Hunderttausende von weiteren Staatsbeamten, die 1918/19 nicht ausgetauscht worden waren, sondern in ihren alten Positionen verblieben. Sie waren sozialisiert im

Geist einer autoritären Untertanengesellschaft und trugen kaum etwas dazu bei, die neue demokratische Ordnung mit Leben zu erfüllen, im Gegenteil, sie sabotierten diese, soweit es ihnen möglich war. Die Weimarer Ordnung stellte insofern eine »Demokratie ohne Demokraten« dar.

2 Die Formierung der Gegner der Republik in den Nachkriegswirren

Während bei der Wahl zur Nationalversammlung noch eine große Mehrheit der Bürger demokratische Parteien wählte, die hinter der jungen Republik standen, schmolz diese Mehrheit in der Folgezeit rasch dahin. Maßgeblich dazu beigetragen haben sicherlich der Versailler Vertrag, aber auch die innenpolitischen Konflikte – immerhin mussten ja die desaströsen Kriegsfolgen bewältigt werden – was u.a. die Bildung von stabilen Regierungen erschwerte.

Vor allem am rechten Rand formierten sich zahlreiche Gruppierungen, die nicht nur lautstark gegen die demokratische Republik opponierten, sondern sehr häufig zu gewalttätigen Maßnahmen griffen. Eine prominente Stellung nahmen hier die Freikorps ein, die sich rasch nach der militärischen Niederlage bildeten und die teilweise den Krieg auf eigene Faust und Rechnung fortsetzen wollten. Diese Freikorps rekrutierten sich z.T. aus den rückkehrenden Soldaten, die nicht mehr in das zivile Leben zurückfanden und die militärische Niederlage nicht hinnehmen wollten.

Die neue Reichsregierung setzte diese Freiwilligenverbände gegen Arbeiterunruhen und Aufständische im Reich ein, ebenfalls bei der Niederschlagung linker Putschversuche in den frühen 1920er Jahren. Dies nutzten manche nationalistisch gesinnte Freikorps, um gegen ihre politischen Gegner vorzugehen, etwa beim Mord an den KPD-Gründern Rosa Luxemburg und Karl Liebknecht. Zahlreiche weitere politisch motivierte Morde gingen auf das Konto der Freikorps. Generell huldigten die Freikorps einem Kult der Gewalt und verklärten das »Fronterlebnis«. Mit britischer Unterstützung kämpften Freikorps 1919 im Baltikum gegen sowjetrussische Truppen, 1920/21 kämpften sie in Oberschlesien gegen polnische Truppen, nachdem bei einer Volksabstimmung über die staatliche Zugehörigkeit des Gebiets fast 60% für den Verbleib beim Deutschen Reich votiert hatten. Da der Versailler Vertrag dem Deutschen Reich nur ein Heer von 100 000 Mann zugestand, also zahlreiche Soldaten und Offiziere entlassen werden mussten, hätten die Freikorps allerdings aufgelöst werden müssen – was jedoch bewusst versäumt wurde.

Kapp-Putsch

Um dieser dramatischen Verkleinerung der Armee zuvorzukommen und um die ungeliebte Regierung und Nationalversammlung zu beseitigen, kam es im März 1920 zum Kapp-Putsch. Eine Elitetruppe, die Marinebrigade Ehrhardt, marschierte mit schwarz-weiß-roten Fahnen, bisweilen auch mit dem Hakenkreuz, in die Reichshauptstadt ein. Der ostpreußische Generallandschaftsdirektor Wolfgang Kapp ernannte sich selbst zum Reichskanzler. Die von der legitimen politischen Führung erbetene Hilfe gegen die Putschisten durch Reichswehrtruppen lehnte die Generalität der Reichswehr brüsk ab: »Reichswehr schießt nicht auf Reichswehr«. Die Reichsregierung flüchtete daraufhin nach Stuttgart. Die Gewerkschaftsführung rief die Arbeiterschaft zum Generalstreik auf, der auch weitestgehend befolgt wurde. Aber auch Teile der staatlichen Verwaltung boykottierten die neue Regierung. Der Putsch brach daher nach wenigen Tagen zusammen, die Verschwörer flüchteten teilweise ins Ausland. Für die allermeisten Putschisten hatte diese Aktion kein juristisches Nachspiel. Vor Gericht galten männliche »Ehre« und »nationales Engagement« als hinreichende Begründungen für Freisprüche oder sehr glimpfliche Strafen.

Gegen Gewalttäter von links ging die Weimarer Justiz hingegen äußerst drakonisch vor, was Teile der Arbeiterschaft ebenfalls gegen die Republik aufbrachte. Viele von der Sozialdemokratie enttäuschte Wähler schlossen sich nun der USPD bzw. der KPD an, die SPD erlitt in der Nachkriegszeit dramatische Einbußen. Im Ruhrgebiet, in Hamburg, Sachsen und Thüringen versuchten linksradikale Arbeitergruppen, »revolutionäre« sozialistische Regime zu etablieren; diese Aufstandsversuche wurden im Auftrag der Reichsregierung von Freikorpsverbänden bzw. der Reichswehr blutig niedergeschlagen.

Erste außenpolitische Tastversuche: Der Rapallo-Vertrag 1922

Die außenpolitischen Handlungsspielräume waren äußerst eng. Deutschland war ebenso wie Russland bzw. die Sowjetunion kein Mitglied des Völkerbunds, beide Staaten galten gleichsam als gefährliche »Parias« der Weltgemeinschaft, die man misstrauisch beäugen und streng einhegen musste. Daher lag es nahe, dass sich gerade diese beiden Staaten annäherten.

Am Rande einer Wirtschaftskonferenz in Genua (April/Mai 1922) verhandelten im benachbarten Rapallo deutsche mit sowjetischen Delegierten. Beide Staaten nahmen diplomatische Beziehungen auf und beide Seiten erklärten ihren Verzicht auf die Erstattung von Schäden, die durch den Weltkrieg verursacht worden waren. Zudem wurde eine Meistbegünstigungsklausel vereinbart (Handelsvorteile, die ein Vertragspartner einem dritten Staat einräumt, werden im Zuge der Gleichberechtigung auch den anderen Vertragspartnern gewährt).

Die Westmächte waren über dieses eigenmächtige Vorgehen der Deutschen verärgert. Die nationalen Kreise in Deutschland erwarteten, dass nun an die Stelle der vorsichtigen deutschen Westorientierung eine Ostorientierung treten könne, um auf diese Weise die verhasste »blutige« deutsch-polnische Grenze mit Hilfe der Sowjetunion wieder rückgängig zu machen und damit eine Bresche in den Versailler Vertrag zu schlagen. Der Reichspräsident Ebert und der Außenminister Rathenau waren für solche gefährlichen Machtspiele indes viel zu behutsam und zu vorsichtig, sie wollten keinesfalls den neuen russischen Partner offensiv gegen die Westmächte ausspielen. Der von rechtsnationaler Seite als »Erfüllungspolitiker« geschmähte Walther Rathenau wurde kurz darauf von Mitgliedern antisemitischer Kreise ermordet.

Das Misstrauen der Westmächte gegenüber Deutschland konnte erst nach dem Ende der Ruhrbesetzung (s. unten) und der neuen Außenpolitik Stresemanns abgemildert werden. (Zur Rapallo-Politik vgl. *Quelle 10*.)

	Realer Wert eines Vermögens von 100 000 (1914)	Wertverlust gegenüber 1914 in Prozent
Juni 1914	100 000	0
Januar 1919	47 190	52,8
Juli 1919	27 855	72,1
Januar 1920	6480	93,5
Juli 1920	10 638	89,4
Januar 1921	6468	93,5
Juli 1921	5476	94,5
Januar 1922	2189	97,8

Juli 1922	851	99,1
Januar 1923	23	100
Juli 1923	1,19	100
September 1923	0	100
November 1923	0	100

Inflationsverlauf

Reparationen und Ruhrkampf

In den Jahren seit 1920 wurden die von den Siegermächten geforderten Reparationszahlungen das innenpolitisch brisanteste Thema. England und Frankreich hatten zur Kriegsfinanzierung in den USA beträchtliche Kredite aufgenommen, die sie nun mit Hilfe der Reparationen zurückzahlen wollten. Insofern waren auch die USA an einer Zahlungsfähigkeit Deutschlands interessiert. Die Wirtschaft und die Staatsfinanzen waren in Deutschland in einem völlig desolaten Zustand, zumal die kaiserliche Politik den Krieg mit einer immensen Staatsverschuldung und der Notenpresse finanziert hatte. Durch diese inflationäre Politik des Kaiserreichs war der Staatshaushalt völlig zerrüttet. Hinzu kamen nun noch weitere finanzielle Belastungen: Entschädigungen für verlorene Sachwerte in Gebieten, die abgetreten werden mussten; Millionen von Kriegsinvaliden und Hinterbliebenen mussten versorgt werden. Die neuen Reichsregierungen setzten die inflationäre Politik des Kaiserreichs fort, der Verweis auf die hoffnungslosen Staatsfinanzen sollte den Alliierten die »objektive« Zahlungsunfähigkeit Deutschlands demonstrieren.

Auf zahlreichen Konferenzen wurden nun die Reparationsforderungen berechnet und Zahlungsmodalitäten ausgehandelt. 1921 formulierten die Alliierten ihr Ergebnis: 132 Milliarden Goldmark, die in jährlichen Raten von drei Milliarden Goldmark gezahlt werden sollten. Versehen war die Forderung der Alliierten nach Anerkennung des Zahlungsplans mit einem zeitlich eng befristeten Ultimatum (»Londoner Ultimatum«): Sollte Deutschland seinen Zahlungsverpflichtungen nicht nachkommen, drohten die Alliierten mit der Besetzung des Ruhrgebiets. Wieder folgte ein Sturm der Entrüstung und die jetzt bürgerliche Reichsregierung trat zurück. Einige Politiker aus der bürgerlichen Mitte, die sich um konstruktive Verhandlungen bemühten, wurden vor allem von der nationalistischen Rechten als »Erfüllungspolitiker« geschmäht.

Als Deutschland 1922 seinen Zahlungsverpflichtungen nicht nachkommen konnte (oder nicht wollte) und ein Moratorium für einige Jahre erbat, forderte die französische Regierung »produktive Pfänder«. Französische Spezialisten, die die Lieferung der vertraglich vereinbarten Sachgüter kontrollieren und überwachen sollten, wurden ins Ruhrgebiet entsandt. Zu ihrem Schutz rückten schließlich im Frühjahr 1923 insgesamt 100 000 belgische und französische Soldaten ins Ruhrgebiet ein, um die Reparationsleistungen sicherzustellen. Die Empörung über diese französischen Maßnahmen war in allen politischen Lagern einhellig. Daraufhin rief die Reichsregierung die Bevölkerung im Ruhrgebiet zum »passiven Widerstand« und zur Befehlsverweigerung gegenüber ausländischen Besatzungskräften auf. Diese wiederum wiesen daraufhin über 100 000 Menschen aus dem Ruhrgebiet aus. Aber trotz gewaltiger Anstrengungen und beträchtlicher Mittel für die Ruhrbesetzung gelangten kaum »produktive Pfänder« in die Hand der Siegermächte. Aufgrund der Kosten zur Finanzierung des »Ruhrkampfes« verlor die ohnehin geschwächte Reichsmark vollends ihren Wert als Zahlungsmittel, es kam zur »Hyperinflation«. In dieser politisch verfahrenen Sackgasse wurde erneut die Regierung abgelöst und eine große Koalition unter Gustav Strese-

Wahlplakat der rechtsextremen Gruppen, die sich nach dem NSDAP-Verbot zum Völkischen Block zusammengeschlossen hatten, 1924

mann (DVP) gebildet, die den passiven Widerstand abbrach. Sie schuf als »Zwischenwährung« die Rentenmark und bemühte sich um konstruktive Lösungen in der Reparationsfrage. Obgleich Gustav Stresemann selbst dem konservativen Lager entstammte, avancierte er nun zum bestgehassten Politiker im rechten Lager, da er vor den Alliierten »kapituliert« habe.

Hitlerputsch

Als nationalistische Kräfte 1923 von der »Ordnungszelle Bayern« aus durch einen »Marsch auf Berlin« die »Regierung der Novemberverbrecher« stürzen wollten, stand Mussolinis »Marsch auf Rom« (1922) Pate. Zwischen den einzelnen rechtsnationalistischen Gruppierungen gab es durchaus einen gemeinsamen Nenner – man wollte die Revolution und die Demokratie rückgängig machen –, aber über den Weg dorthin gab es unterschiedlichste Vorstellungen: Wiedererrichtung der bayerischen Monarchie, Etablierung einer autoritären Diktatur u. ä.

Am 8. November 1923 drang Hitler mit einigen Bewaffneten in eine Versammlung im Münchner Bürgerbräukeller ein. Hier berieten sich Generalstaatskommissar Gustav von Kahr, Landespolizeichef Hans von Seißer sowie der Landeskommandant der Reichswehr, Otto von Lossow, mit einigen Ministern. Hitler verschaffte sich durch einen Schuss an die Decke Ruhe, drängte die drei genannten Herren in ein Nebenzimmer und rang ihnen die Zustimmung zur Teilnahme an einer neuen Reichsregierung ab. Dabei sollte u. a. Hitler Reichskanzler werden, der ebenfalls anwesende Erich Ludendorff sollte die Reichswehrführung und von Lossow das Reichswehrministerium übernehmen, Seißer Polizeiminister werden. Die Putschpläne reichten also bis in die obersten politischen Ränge, die in Bayern ihre schützende Hand über rechtsextremistische Kräfte hielten.

Nach dem Ende der Versammlung zogen sich die Mitverschworenen indes rasch zurück, sie wollten an diesem dilettantisch vorbereiteten Projekt nicht teilnehmen und alarmierten daher Reichswehr und Polizei. Damit war das Unternehmen gescheitert. Auf Ludendorffs Vorschlag hin sollte am 9. November ein unbewaffneter Demonstrationszug durch München stattfinden, vielleicht würde sich ja die Bevölkerung der »Bewegung« anschließen. Dabei kam es zu einer Schießerei mit der Polizei. Die 13 Toten wurden später im »Dritten Reich« zu Märtyrern und »Blutzeugen der Bewegung« hochstilisiert. Ludendorff ließ sich kampflos festnehmen, Hitler wurde zwei Tage später verhaftet. Beim anschließenden Prozess vertuschten Polizei und Reichswehr ihre Rolle bei diesem Putschversuch; selbst die Staatsanwaltschaft bekundete ihren Respekt vor der »vaterländischen Gesinnung« Hitlers (vgl. *Quelle 11*). Hitler wurde zu fünf Jahren (ehrenvoller) Festungshaft verurteilt, er wurde allerdings nach wenigen Monaten bereits wieder entlassen. Bei ihm reifte seitdem die Überzeugung, dass der Sturz des verhassten »Weimarer Systems« nur auf »legalem Weg« und auf der Basis einer breiten Massenbewegung und Organisation zu bewerkstelligen sei.

3 Die »relative Stabilisierung« der Republik

Die Jahre zwischen 1924 und 1929 werden als die Phase relativer Stabilität, bisweilen gar als die »goldenen Zwanziger Jahre« bezeichnet. Trotz wirtschaftlicher Erholung und einer gewissen politischen Normalisierung verschoben sich die politischen Koordinaten jedoch keineswegs in Richtung einer grundsätzlichen demokratischen Stabilisierung, denn die in den ersten Jahren der Republik zu Tage getretenen strukturellen Probleme blieben unverändert erhalten und wirksam.

Rationalisierung und Arbeitslosigkeit

Während die Unternehmen bis zur Einführung der Rentenmark Ende 1923 ihre Arbeiter mit nahezu wertlosem Papiergeld entlohnen, also extrem kostengünstig produzieren und die ausländische Konkurrenz durch Dumpingpreise unterbieten konnten, mussten sie nun die Arbeiter mit einem stabilen Geld bezahlen. Das führte seit 1924 zu einer beträchtlichen Rationalisierung in der industriellen Produktion, die zwangsläufig auch mit unsicheren Arbeitsverhältnissen und höherer Arbeitslosigkeit einherging. Deshalb kam es auch zu verschärften sozialen Konflikten zwischen Arbeitgebern und Arbeitnehmern, etwa größeren Streiks, die (oft vergeblich) den 8-Stunden-Tag retten wollten.

Um in der Reparationsfrage die deutsche Zahlungsfähigkeit von unabhängigen Sachverständigen zu prüfen, beriefen die Alliierten einen Ausschuss unter dem Finanzexperten Charles G. Dawes. Dieser entwickelte einen gestaffelten Zahlungsplan. Deutschland erhielt nun von amerikanischen privaten Investoren erhebliche Kredite, außerdem investierten amerikanische Unternehmen und erwarben Beteiligungen an deutschen Firmen, sie kauften u.a. die Autofabrik Opel, wo rasch die produktive Fließbandproduktion eingeführt wurde.

Die Abhängigkeit von amerikanischen Kreditgebern erwies sich allerdings einige Jahre später, als die Weltwirtschaftskrise ausbrach, als äußerst fatal. Seit 1929 forderten die amerikanischen Banken die kurzfristig gewährten Kredite zurück und brachten damit deutsche Banken und Unternehmen in beträchtliche Zahlungsschwierigkeiten.

Jahr	Höhepunkt	Tiefpunkt	Jahresdurchschnitt
1918	5,1	0,7	1,2
1919	6,6	2,2	3,7
1920	6,0	1,9	3,8
1921	4,7	1,2	2,8
1922	3,3	0,6	1,5
1923	28,2	3,5	10,2
1924	26,5	7,3	13,1
1925	19,4	3,5	6,8
1926	22,6	14,5	18,2
1927	16,9	4,6	9,0
1928	16,7	6,2	8,6
1929	22,3	8,6	13,3
1930	31,8	19,8	23,0
1931	42,8	30,2	34,7
1932	43,9	42,9	43,8

Arbeitslosigkeit in % der erfassten Gewerkschaftsmitglieder

In der Weimarer Republik wurde die Arbeiterschaft wie nie zuvor in den Produktionsprozess integriert und wieder herausgeschleudert. Während in den ersten Jahren der Republik die Arbeitslosigkeit noch niedrig lag, gab es in den Jahren der »relativen Stabilisierung« ganz erhebliche Schwankungen. Arbeitslosigkeit wurde nun zur ständigen Bedrohung, und für einen immer höheren Anteil der Arbeiter wurde Erwerbslosigkeit zum Dauerschicksal. Die Arbeiterbewegung war also nicht nur in einen sozialdemokratischen und kommunistischen Zweig gespalten, sondern auch sozial. Die kommunistische Richtung organisierte überwiegend mehr den arbeitslos gewordenen Teil der Arbeiterschaft, die ihre Hoffnungen oder Erwartungen an die bürgerliche Republik längst begraben hatte.

Krise des alten Mittelstands und die neue Schicht der Angestellten

Beachtliche Teile des »alten Mittelstands« (selbständige Handwerker, Händler, freie Berufe) fühlten sich als soziale und politische Stütze des Kaiserreichs und sie interpretierten ihre soziale Lage als relativ sicher. Hinsichtlich ihres sozialen Status und ihrer Mentalität hoben sie sich klar vom Proletariat ab und fühlten sich als »etwas Besseres«. Immerhin verfügten sie über eine gehobene Bildung, oft über eigene Immobilien und sonstigen Besitz sowie über eine bürgerliche Reputation. Sie waren über zahlreiche kulturelle und gesellige Vereine untereinander stark vernetzt.

Durch den Weltkrieg und die ökonomischen und politischen Nachkriegswirren geriet diese soziale Schicht sowohl materiell wie auch mental in eine tiefe Krise; sie fühlte sich stärker von den Großbetrieben, vom großen Kapital und auch durch die neue soziale Schicht der Angestellten bedroht, die sich im Zuge der staatlichen Intervention in die Wirtschaft wie durch die großbetriebliche Rationalisierung und Umstrukturierung bildete.

Der Sozialwissenschaftler Siegfried Kracauer bezifferte 1929 die Zahl der Angestellten auf 3,5 Millionen, darunter 1,2 Millionen Frauen; die Hälfte der Angestellten seien im Handel, bei Banken und im Verkehr beschäftigt, stark nahm der Anteil der Industrieangestellten zu. Viele arbeiteten als un- und angelernte Angestellte. Für breite im Angestelltenverhältnis beschäftigte Schichten galten ähnliche soziale Bedingungen wie für die Arbeiterschaft, es habe sich eine »industrielle Reservearmee« der Angestellten gebildet.

Die Verunsicherung dieses sozialen Lagers reflektiert sich auch in der Krise der liberalen Parteien (DDP und DVP), deren Wählerschaft in der Weimarer Republik rasch schmolz. Viele Angehörige des alten Mittelstandes und der »neuen Angestellten« organisierten sich zunächst in Splitterparteien, bis sie sich schließlich der NSDAP zuwandten. Die »neuen Angestellten« (VerkäuferInnen, Verwaltungsangestellte, Sekretärinnen, Ingenieure, Bankkaufleute usw.) fühlten sich gegenüber der Arbeiterschaft sozial höher gestellt, und mancher Angestellte verdiente bisweilen auch mehr als ein Arbeiter, aber sie teilten ihr Schicksal der Anonymität und der Austauschbarkeit mit der Arbeiterschaft. Die sozialen Abstiegsängste vor allem bei den Angestellten, die Sorge vor der »Proletarisierung« erklärt in der späteren Weltwirtschaftskrise ihre überproportional starke Hinwendung zur nationalsozialistischen Bewegung.

Neue sozialpolitische Weichenstellungen

Während die Arbeiterschaft seit 1923 einen harten Kampf um die Rettung des 8-Stunden-Tags führte, wurden in den 1920er Jahren die Beiträge der Kranken-, Unfall- und Invalidenversicherungen heraufgesetzt und deren Leistungen erhöht. 1927 wurde das Gesetz zur Arbeitslosenversicherung verabschiedet, im weltweiten Vergleich eine fast singuläre sozialpolitische Errungenschaft. Wer zwei Jahre kontinuierlich beschäftigt war, dann unverschuldet arbeitslos wurde und arbeitswillig war, sollte für maximal 26 Wochen Leistungen aus der Arbeitslosenversicherung beziehen. Angesichts der oben dargestellten beträchtlichen Schwankungen auf dem Arbeitsmarkt konnte jedoch nur ein Teil der Arbeiterschaft auf ein kontinuierliches

Beschäftigungsverhältnis zurückblicken. Die Beiträge sollten 3 % des Grundlohns betragen und je zur Hälfte von den Arbeitnehmern und Arbeitgebern getragen werden. Diese Beitragshöhe reichte aus, um etwa 800 000 Hauptunterstützungsempfängern Arbeitslosengeld auszahlen zu können, eine Zahl, die bereits vor der Weltwirtschaftskrise häufig überschritten wurde. Die Zahl der Empfänger von staatlichen Sozialleistungen sank später in der Weltwirtschaftskrise in Deutschland dramatisch. Andere westliche Demokratien (z. B. England oder Dänemark) entschlossen sich in der neuen Situation nicht zu einem Sozialabbau, der in Deutschland zu einer immer tieferen Legitimationskrise des demokratischen Systems führte.

Für viele Unternehmer war es unerträglich, dass sie sich an kollektive Tarifverträge binden mussten (vgl. oben Stinnes-Legien-Pakt und *Quelle 4*) und in »ihrem« Betrieb nicht schalten und walten konnten, wie sie es wollten. Wie sehr sich die Fronten zwischen Gewerkschaften und Arbeitgebern verhärtet hatten, zeigte der so genannte Ruhreisenstreit 1928. Die Unternehmer lehnten kategorisch eine Lohnerhöhung ab und sperrten Hunderttausende von streikenden Arbeitern aus. Die Schlichtungsverhandlungen zogen sich monatelang hin. Die Unternehmerseite wollte die Entwicklung in einen »Gewerkschaftsstaat« verhindern und forderte den Rückbau der Sozialversicherung, massive Lohnsenkungen, den Abbau des Tarifsystems. Sozialpolitische Kompromisse, die man nach 1918 eingegangen war, sollten wieder kassiert werden. Viele Unternehmer wünschten sich die arbeitsrechtlichen Verhältnisse des Kaiserreichs zurück, als interventionsstaatliche Maßnahmen, durch die der Staat in das wirtschaftliche Geschehen regulierend eingriff, noch einen eher bescheidenen Umfang hatten.

Außenpolitik Stresemanns

Nach der Beendigung des für Frankreich wie Deutschland ebenso kostspieligen wie unproduktiven Ruhrkampfs kam es zu einer vorsichtigen politischen Annäherung zwischen den beiden verfeindeten Staaten. Auf behutsamen Druck von amerikanischer und britischer Seite hin trafen sich 1925 im schweizerischen Locarno führende europäische Staatsmänner, um über die Sicherheit der gegenwärtigen Grenzen in Europa zu beraten. Nach kurzen Verhandlungen entwickelten Frankreich und Deutschland einen Kompromiss: Deutschland akzeptierte die durch den Versailler Vertrag geschaffene Westgrenze Deutschlands. Man vereinbarte, dass man gegenseitig nicht zu kriegerischen Handlungen schreiten würde, und Frankreich verzichtete darauf, weitere Vorstöße in Richtung des Ruhrgebiets bzw. des Rheinlandes zu unternehmen. Damit war ein zentraler Aspekt der deutsch-französischen Spannungen, die Sicherheitsinteressen Frankreichs, von Deutschland anerkannt und im Kern gelöst. Damit war auch der Weg frei zu einer Mitgliedschaft Deutschlands im Völkerbund. Der Locarno-Vertrag konnte im Reichstag allerdings nur deshalb eine Mehrheit finden, weil die oppositionellen Sozialdemokraten für ihn stimmten, während die (noch) in der Regierung vertretene DNVP ihn ablehnte.

Allerdings weigerte sich die deutsche Regierung, ähnliche Erklärungen zur Akzeptanz der deutschen Ostgrenzen gegenüber der Tschechoslowakei und Polen abzugeben. Die »blutige Grenze« nach Osten blieb also offen, es gab kein »Ost-Locarno«. Im 1926 mit der Sowjetunion verhandelten Berliner Vertrag bestätigte Deutschland seine bereits im Rapallo-Vertrag (1922) bekundete Neutralität, sollte es zu sowjetisch-polnischen Konflikten kommen. Dadurch hatten sich die Sicherheitslage Polens verkompliziert und die Beziehungen zwischen Deutschland und Frankreich etwas entspannt. Insgesamt war es der Außenpolitik Stresemanns gelungen, den außenpolitischen Handlungsspielraum Deutschlands zu erweitern. Der hohen Autorität und dem Ansehen Stresemanns war es zu verdanken, dass sich Teile des konservativen Lagers bereitfanden, diese Politik mitzutragen. In vertraulichen Briefen machte Stresemann indes keinen Hehl aus seinen weitergehenden revisionspolitischen Zielsetzungen (vgl. *Quelle 14*).

Wechsel im Amt des Reichspräsidenten

Am 28. Februar 1925 starb Friedrich Ebert, der erste Reichspräsident der Weimarer Republik. Ebert war völlig zermürbt von niederträchtigen Beleidigungen und Schmähungen vor allem durch nationalistische Journalisten, gegen die er sich kaum zur Wehr setzen konnte. Bei der Neuwahl des Reichspräsidenten errang im ersten Wahlgang kein Bewerber die erforderliche Hälfte der abgegebenen Stimmen, beim zweiten Wahlgang reichte die relative Mehrheit. Einige deutschnationale Gutsbesitzer und Offiziere überredeten den mittlerweile 77jährigen Feldmarschall Paul von Hindenburg, der als »Sieger von Tannenberg« weithin über hohes Ansehen und Popularität verfügte, zur Kandidatur. Hindenburg meinte, sich hierzu das Placet des ehemaligen Kaisers, dem nach wie vor seine unverbrüchliche Loyalität galt, aus dessen holländischem Exil einholen zu müssen. Es wirft ein bezeichnendes Licht auf die politische Kultur der Weimarer Republik in den »Goldenen Jahren«, dass man einen Kandidaten für die Reichspräsidentenwahl aufzustellen gedachte, von dem die informierte Öffentlichkeit genau wusste, wie sehr sein Herzblut der Monarchie gehörte. Von den Sozialdemokraten und der Zentrumspartei war der Zentrumspolitiker Wilhelm Marx nominiert worden, die Wähler der (überwiegend katholischen) Bayerischen Volkspartei (der bayerischen Schwesterpartei des Zentrums) votierten aber in ihrer übergroßen Mehrheit gegen den Katholiken Marx und für den protestantischen Hindenburg, zumal sie die Zusammenarbeit von Zentrum und SPD grundsätzlich ablehnten.

Hindenburg zeigte als neuer Reichspräsident zwar zunächst eine formale Loyalität gegenüber der Verfassung und unterzeichnete – zum Unwillen seiner deutschnationalen Wähler – auch die Locarno-Verträge, wirkte aber untergründig für eine Restaurierung der Monarchie und eine Ausschaltung der Sozialdemokratie hin. Er war durchdrungen von der Vorstellung, die alte »Größe« Deutschlands wiederherzustellen, wozu Deutschland auch seine durch den Versailler Vertrag eingeschränkte Wehrhoheit wieder erringen musste. In seinem Beraterkreis waren zahlreiche Persönlichkeiten aktiv, die die demokratische Weimarer Ordnung grundsätzlich ablehnten.

Antisemitismus

Der Antisemitismus des Kaiserreichs lebte in der Weimarer Republik ungebrochen fort, er war in bestimmten gesellschaftlichen Kreisen – zumal den höheren – nahezu eine selbstverständliche Norm, etwa in der evangelischen Kirche und unter Studenten und vielen Hochschullehrern, die daraus keinen Hehl machten.

Die rechtlichen Schranken gegen eine Gleichberechtigung der Juden waren zwar nun durch die Weimarer Reichsverfassung entfallen, auch was höhere Positionen im Staatsdienst betraf, aber der antisemitische Korpsgeist etwa in staatlichen Behörden erwies sich als außerordentlich stabil. Antisemiten – in der Regel im konservativ-nationalistischen Lager beheimatet – nannten die Weimarer Republik »verjudet« oder »Judenrepublik«, beim Ausbruch des Ersten Weltkriegs sei eine (amerikanische) jüdische Weltverschwörung involviert gewesen, die deutsche Kriegsindustrie sei »jüdisch beherrscht«, sie habe sich durch den Krieg schamlos bereichert. Der Alldeutsche Verband, zu dem viele bürgerliche Honoratioren gehörten, überhöhte den Ersten Weltkrieg zu einem Rassenkrieg zwischen Ariern und Judentum, auch wurden »die« Juden für die Kriegsniederlage verantwortlich gemacht, die zahlreichen politischen Morde hatten eine mindestens untergründige antisemitische Tendenz. – Da die beiden Arbeiterparteien SPD und KPD sowie die DDP und auch die Zentrumspartei nicht antisemitisch orientiert waren, lässt sich der Antisemitismus politisch relativ klar verorten: antisemitische Ressentiments gingen in der Regel mit antidemokratischen Optionen zumal im Bürgertum und im kleinbürgerlichen Milieu einher.

Für die »assimilierten« deutschen Juden spielte ihre Religion eher nur eine Nebenrolle, anders aber bei den orthodoxen Ostjuden, die schon an ihrer Kleidung und speziellen Alltagspraktiken als Juden erkennbar waren und antisemitische Klischees oder gar handfeste Ressentiments zu bestätigen schienen. Eingewanderte Ostjuden mussten im Krieg Zwangsarbeit leisten. Hitlers antisemitischen Hasstiraden war bereits in der Weimarer Republik der Boden geebnet. 1923 brachen antijüdische Pogrome im Berliner Scheunenviertel aus.

Politische Kultur – männlicher Gewaltkult

Über fast alle parteipolitischen Grenzen und Gräben hinweg kennzeichnete alle politischen Lager der Weimarer Republik eine Ästhetisierung der Gewalt, ein heroischer Gewaltkult. Dieser Gewaltkult manifestierte sich z. B. in Wahlplakaten mit ihren dominierenden heroischen Herkulesgestalten mit geballten Fäusten … Diese Gewaltverherrlichung wird bisweilen als Zeichen der »Verrohung« durch den Ersten Weltkrieg gedeutet, aber – psychoanalytisch betrachtet – auch als Zeichen bedrohter Männlichkeit, denn immerhin gab es nicht nur ein

Disziplinierte Männerkörper: Massenfreiübungen zum 1. Bundesfest des Arbeiter-, Turn- und Sportbundes in Leipzig 1922

Frauenwahlrecht, emanzipatorische Bewegungen zeigten sich – wenn auch oft zögerlich – in vielen gesellschaftlichen Teilbereichen. Am plausibelsten scheint es, die Gewaltverherrlichung als Zeichen der kollektiven Kränkung durch die Kriegsniederlage zu interpretieren.

Unmittelbar nach der Niederlage formierten sich zahlreiche paramilitärisch organisierte Freikorps, die gleichsam den Krieg auf eigene Faust und gelegentlich auf eigene Rechnung fortzuführen gedachten, überlebte »Männlichkeitsriten« spielten hier eine zentrale Rolle. Bald boten auch alle Parteien der Weimarer Republik männlicher Tatkraft und auch Gewaltbereitschaft spezifische Foren in Gestalt der paramilitärisch organisierten Massenorganisationen. Sie wurden zu Wahlkämpfen eingesetzt, zum Saalschutz, zur Einschüchterung (oder auch zum Verprügeln) der politischen Gegner, sie waren uniformiert und gelegentlich auch in illegaler Weise bewaffnet. Hier herrschte das System von Befehl und Gehorsam, klare Hierarchien, klare Freund-Feind-Muster. Millionen von desorientierten jungen Männern konnten hier gleichsam die Schlachten schlagen (und gewinnen), die ihre Väter verloren hatten.

- So umfasste der 1918 gegründete Stahlhelm rasch 300 000 Mitglieder, er stand der nationalen Rechten nahe, unter seinen Ehrenmitgliedern nahm Hindenburg eine prominente Rolle ein.
- Der Jungdeutsche Orden (1924 gegründet) stand der DDP nahe, er zählte vielleicht 150 000 bis 200 000 Mitglieder.
- Ebenfalls 1924 gegründet wurde der Rote Frontkämpferbund (RFB) der Kommunistischen Partei, der auf seinem Höhepunkt höchsten 150 000 bis 200 000 Mitglieder gezählt haben mag (die parteioffiziellen Angaben liegen deutlich höher). In den Wunschvorstellungen mancher Kommunisten bildete der RFB die Kernzelle einer künftigen deutschen Roten Armee.
- Formal überparteilich, aber de facto von Sozialdemokraten initiiert und organisiert wurde das Reichsbanner Schwarz Rot Gold. Es hatte sich die Verteidigung der demokratischen Republik auf seine Fahnen geschrieben. Nach eigenen Angaben soll das Reichsbanner drei Millionen Mitglieder gehabt haben, wahrscheinlicher sind rund eine Million.
- Die NSDAP schuf sich mit der SA ebenfalls eine Demonstrationsarmee, die seit 1930 beachtlichen Zulauf erhielt, Anfang 1933 soll die SA rund 400 000 Mitglieder gezählt haben, ein Jahr später waren es vier Millionen.

Daneben existierte eine Unzahl von kleineren, aber nicht minder militant auftretender uniformierter Verbände.

Die »Militarisierung« der Gesellschaft kennzeichnete die politische Kultur der Weimarer Republik: Man diskutierte nicht mit dem politischen Konkurrenten oder Gegner, sondern man wies ihn in die Schranken, man demonstrierte öffentlich Stärke und Geschlossenheit, man beherrschte die Straße oder Stadtteile, gegnerischen Formationen begegnete man herausfordernd, feindselig und gewaltbereit. Teil dieser Gewaltkultur war der Fahnenkult, der Totenkult für die eigenen »Gefallenen«, atavistisch anmutende Racheakte für Überfälle durch den politischen Gegner, ein eigentümliches Ehrgefühl, das Angriffe auf das eigene politische Lager als einen Angriff auf die eigene Person deutete, die bedingungslose Identifikation mit der je spezifischen politischen Ideologie.

In diesen Wehrverbänden wurden Praktiken und Werthaltungen eingeübt und bestätigt, die einem demokratischen Handeln und diskursiv hergestellten politischen Entscheidungen diametral entgegenstanden und diese tendenziell verunmöglichten. (Vgl. *Quelle 16*) Autoritäre, unhinterfragte »Lagermentalitäten« wurden auf diese Weise nicht »verflüssigt«, sondern bestätigt und zementiert. Politische Kompromisse wurden so ungemein kompliziert. – Letztlich scheiterte die Weimarer Republik nicht primär – wie oft postuliert wird – am Versailler Vertrag oder an der Weltwirtschaftskrise, sondern an der aggressiven politischen Kultur, die sich im Gefolge der Nichtverarbeitung der Kriegsniederlage herauskristallisierte. Sie entwickelte keine Kultur des friedlichen Aushandelns von politischen Konflikten und von gemeinsam gefundenen und getragenen politischen Lösungen.

Kulturelle Vielfalt und Modernität

Es wäre ungerecht und historisch unangemessen, die Weimarer Republik überwiegend nur negativ zu akzentuieren. Dazu war diese historische Phase viel zu bunt und zu vielfältig, teilweise ungemein produktiv, manchmal auch schrill.

Hier ist auf die literarische Phase des Expressionismus und der Neuen Sachlichkeit zu verweisen, auf den Dadaismus und andere Kunstströmungen, die sich nicht von der politischen Depression überwältigen ließen, sondern literarisch-künstlerisch experimentelle Wege beschritten, und die sich nicht von den im politischen Raum dominierenden politischen Konflikten und Parteien vereinnahmen ließen. Die Weimarer Republik ist ungemein reich an provozierenden wie produktiven Elementen im Bereich der Malerei, der Architektur, des Films, der Musik, des Tanztheaters, um nur einige kulturelle Segmente zu nennen. Es wurden in radikaler Weise traditionelle Autoritäten in Frage gestellt und bewusst die bürgerliche Öffentlichkeit provoziert. Diese Lust an der Provokation goutierten nicht nur die Künstler selbst, sondern auch manche urbane Eliten, sehr zum Missbehagen vor allem der »nationalen Kreise«, die permanent gegen diesen »Schmutz und Schund« zu Felde zogen und den drohenden Untergang der »abendländischen Kultur« beschworen. Die Front der politischen Gegner von künstlerischen Experimenten war breit. Sie reichte von den Nationalisten über die katholische Zentrumspartei bis in die Reihen der Sozialdemokraten. Die Nationalsozialisten fertigen bereits vor 1933 Listen von Persönlichkeiten im Bereich von Kunst und Kultur an, die nicht mehr das Recht haben sollten, der »deutschen Volksgemeinschaft« anzuge-hören.

Diese »Retter des Abendlands« konnten im »Dritten Reich« endgültig erleichtert aufatmen. Hier gab es keine autonome Kunst mehr, hier hatte die »Kunst« den »nationalen Aufgaben« zu dienen. Aber diese Konfrontation spielte bereits in der Weimarer Republik eine zentrale Rolle. Die Gegner von künstlerischen Experimenten forderten vom Staat autoritäre Repressionen gegen Künstler und deren Werke, die sich nicht dem »nationalen Gemeinwohl« unterordneten, sondern dieses bisweilen sogar der Lächerlichkeit preisgaben.

Ungemein lebendig war auch die literarische Szene der Weimarer Republik. Am wohl radikalsten distanzierten sich die Dadaisten von der kulturellen Tradition; für viele Menschen war der bereits im Ersten Weltkrieg entwickelte Dadaismus ein Schock, zumal er das bürgerliche Kunstverständnis provozierte oder gar völlig negierte und die unbegrenzte künstlerische Anarchie propagierte. Dadaisten behaupteten die Absurdität aller Ordnungen. Bedeutsamer und »haltbarer« waren indes die Romane und Theaterstücke etwa von Bertolt Brecht, Gottfried Benn, Heinrich und Thomas Mann (*Der Zauberberg*) oder die satirischen Texte von Kurt Tucholsky. Die Literatur näherte sich nach dem pathetischen Aufschrei der Expressionisten wieder stärker dem Lebensalltag und Nöten der »einfachen« Menschen, der »kleinen Leute«, befasste sich mit der Welt der Fabriken, der Cafés, dem Großstadtleben (»Neue Sachlichkeit«), etwa in dem Roman *Berlin Alexanderplatz* von Alfred Döblin oder im Werk von Hans Fallada, sie thematisierte Alltagsprobleme wie in den amüsanten und luftigen Gedichten und Romanen von Erich Kästner. Unverkennbar schimmert in der nüchternen, bisweilen reportageartigen Wirklichkeitssicht eine beachtliche Technikbegeisterung durch, die Faszination durch Wolkenkratzer und schnelle Fahrzeuge, blitzende Chromkonstruktionen und gewaltige Öltanks. Die Haltung wird gelegentlich als »Amerikanisierung« des Lebens und der Kunst interpretiert und durchaus positiv gewertet.

Damit sollte auch die Kunst aus der früheren ästhetizistischen Isolation herausgeführt werden. Viele literarische Werke arbeiteten die gesellschaftlichen und politischen Defizite der vorangegangenen Epoche auf oder befassten sich mit den traumatischen Kriegserfahrungen (oder glorifizierte diese, wie etwa Ernst Jünger). Besonders populär waren die vitalen und durchaus auch gesellschaftskritischen Theaterstücke von Carl

Zuckmayer (*Der fröhliche Weinberg* oder *Der Hauptmann von Köpenick*). Viele Literaten waren selbst politisch engagiert. Die besten Werke, die in der Weimarer Republik entstanden waren, wurden 1933 bei den nationalsozialistischen Bücherverbrennungen in »Scheiterhaufen« geworfen, wodurch sie in gewisser Weise »geadelt« wurden.

In der Weimarer Republik erlebten der Film und das Radio ihre ersten Triumphe. Der Film bewegte sich um 1900 noch vorrangig im Milieu und Dunstkreis des Jahrmarkts oder der Varietés. Aber bald darauf wurden die ersten Kinos errichtet bzw. Schauspielhäuser in Kinos umgewandelt. 1921 gab es allein in Berlin 418 Kinos mit insgesamt 148 000 Sitzen; 1932 waren es zwar nur noch 358 Kinos, aber mit 189 000 Plätzen. Um 1925 gingen reichsweit bereits zwei Millionen Menschen täglich in ein Kino. Im Jahr 1928 besuchten rund 60 Millionen Menschen die Berliner Kinos. Die meisten Lichtspieltheater boten bereits ab 10 Uhr morgens Filme an, die Eintrittspreise waren niedrig, so dass auch Geringverdiener wöchentlich mehrfach ins Kino gehen konnten.

Die Filmindustrie entwickelte sich in der Weimarer Republik rasant und genoss weltweit einen – auch künstlerisch – hervorragenden Ruf. Filmgeschichte geschrieben haben Filme wie *Das Cabinet des Dr. Caligari* (1919/20) von Robert Wiene, Murnaus *Nosferatu* oder der mit 36 000 Statisten gedrehte Monumentalfilm *Metropolis* von Fritz Lang, der mit spektakulären Spezialeffekten brillierte und das Lebensgefühl der Moderne zum Ausdruck bringen wollte, ferner *Der blaue Engel* (1929/30) nach dem Roman *Professor Unrat* von Heinrich Mann, der Musikfilm *Die drei von der Tankstelle* (1930) oder *Kuhle Wampe oder Wem gehört die Welt?* (1932), an dem auch Bertolt Brecht als Drehbuchautor maßgeblich mitgewirkt hat.

Der Dramaturg, Journalist und Theaterkritiker Herbert Ihering notierte 1926 kritisch zur Massenkultur des Kinos: »Die Zahl der Menschen, die Filme sieht und keine Bücher liest, geht in die Millionen. Sie alle werden dem amerikanischen Geschmack unterworfen, werden gleichgemacht, uniformiert. Der amerikanische Film [der in Deutschland begeistert aufgenommen wurde] ist der neue Weltmilitarismus. Er rückt an. Er ist gefährlicher als der preußische. Er verschlingt nicht Einzelindividuen. Er verschlingt Völkerindividuen.« In den sogenannten Goldenen Zwanzigern erlebte das Theater einen dramatischen Besucherschwund, während die Massen in die Kinos strömten. Im Gegensatz zu den meisten anderen Ländern konnte Deutschland den gewaltig anschwellenden Hollywood-Produktionen einigermaßen Paroli bieten. Allerdings fanden die künstlerisch anspruchsvolleren deutschen Produktionen in den USA kaum Resonanz, während amerikanische Filme dem Lebensgefühl der Menschen zumindest in deutschen Großstädten durchaus entsprachen.

Der Filmhistoriker Anton Kaes deutet den Film der Weimarer Republik als »Motor der Moderne«. Es gab kaum einen Lebensbereich, den er nicht berührte: Kunst, Lifestyle, Politik, Sexualität und die Geschlechterbeziehungen. Er kontrastierte provinziell-deutsche Denkschemata mit Bildern aus der weiten Welt, brach Tabus und beeinflusste Mode und Massenkonsum. Kaes meint, dass der Film »die deutsche Gesellschaft der Weimarer Republik Schritt für Schritt entfeudalisiert, modernisiert und zu einem geringen Teil auch demokratisiert« habe. Über 2000 Filmschaffende verließen jedenfalls 1933 das Deutsche Reich.

Neues Bauen in den 1920er Jahren

Die Planung von Wohnvierteln in der Zeit des autoritären, nur halb-demokratischen Deutschen Kaiserreichs unterscheidet sich in charakteristischer Weise von der in der Weimarer Republik. Die im Kaiserreich entstandenen Stadtteile atmen den Geist der Klassengesellschaft mit ihren hoch verfeinerten Mitteln auch optisch erkennbarer sozialer Distinktion: Hinter den prunkvollen, oft wuchtigen Fassaden der Vorderhäuser, in denen die gehobenen Schichten wohnten, verbargen sich in den erheblich schmuckloseren Hinterhöfen die engen und lichtlosen Wohnungen des Proletariats. Für die Abstände zwischen Vorder- und Hinterhaus entwickelten die Stadtplaner genaue Maße zwischen Geschosshöhen und der Zahl der Hinterhöfe, die dem Bedürfnis nach sozialer Differenzierung der vornehmen, sozial gehobenen Bewohner der Vorderhäuser entsprachen.

Dies kann man heute noch in vielen Stadtteilen, die zwischen 1890 und 1925 entstanden sind, beobachten: Geht man durch die hohen Toreinfahrten der repräsentativen Vorderhäuser hindurch, stößt man noch heute auf enge und lichtarme Hinterhöfe. Hier lagen die Werkstätten der Handwerker, daher auch die schmucklosen Toreinfahrten sowie die Wohnungen von weniger zahlungskräftigen Mietern.

Ganz anders die Mietwohnungen der Wohnsiedlungen, die in der demokratischen Weimarer Republik entstanden sind – und sich allerdings auf Reformkonzepte und Bauten z. B. der Wiener Moderne von etwa 1900 berufen konnten. Die schmückende Ornamentik an den neu errichteten Hausfassaden ist äußerst zurückhaltend, hier wirken allenfalls reduzierte Formen des Jugendstils nach. Die Straßenzüge kennen keine sozial diskriminierenden Hinterhäuser, sondern eher großzügige Rasenflächen zwischen den Wohnblöcken, wobei die Rasenflächen von allen Bewohnern unterschiedslos genutzt werden können. Die kaum geschmückten Fassaden verkünden nicht die soziale Stellung der Bewohnerschaft, sondern betonen bereits in der Architektur, in den ziemlich schmucklosen, gleichförmigen Fassaden deren soziale Gleichheit. Diese »neue Architektur«, geschaffen vor allem für die Masse der »einfachen« Menschen, der »kleinen« Angestellten und Arbeiter, sollte kostengünstig für die Wohnungsbaugesellschaften wie für die Mieter sein. Manche von ihnen verkamen später zu sozialen Brennpunkten, denen man den demokratischen Aufbruchsgeist kaum noch ansieht.

Manche Architekten der Weimarer Republik experimentierten mit den Materialien Stahl, Glas und Beton. Sie machen völlig andere Konstruktionen möglich und sie nahmen den Gebäuden ihre »steinerne Schwere«, Stahlgerüste und große Glasfassaden machten sie gleichsam »durchsichtig« und »leicht«. Viele Architekten verwendeten die elementaren Formen und Körper der Geometrie. »Was zweckmäßig ist, ist auch schön.« Typisch hierfür sind Gebäude, die von Architekten im Umkreis der Dessauer Hochschule für Gestaltung, dem »Bauhaus« konzipiert wurden.

4 Die Weltwirtschaftskrise

In den USA herrschte in den 1920er Jahren ein Spekulationsfieber. Viele Menschen verschuldeten sich bei Banken, um mit dem geliehenen Kapital rasche und hohe Kursgewinne an der Börse erzielen zu können, mit denen sie dann die Kredite wieder zurückzahlen wollten. Am 25. Oktober 1929 erlebte die Börse in New York einen dramatischen Kurseinbruch, innerhalb weniger Tage verloren Aktien 90% ihres Wertes. Hektische Aktienverkäufe ließen den Wert von Aktien ins Bodenlose fallen, viele Banken wurden zahlungsunfähig. Zahlreiche Men-

Die Weißenhofsiedlung in Stuttgart,
Reihenhäuser von Jacobus Johannes Pieter Oud.

schen, die ihr Vermögen oder ihre Kredite in Aktien angelegt hatten, wurden völlig mittellos. Daraufhin sank die Nachfrage nach Konsumgütern, Unternehmen drosselten ihre Produktion, senkten Löhne und entließen Mitarbeiter. Ein Teufelskreis setzte ein, der rasch große Teile der Weltwirtschaft in einen Abwärtsstrudel riss.

Die Folgen der amerikanischen Krise für Deutschland

Amerikanische Firmen und Banken hatten seit der Stabilisierung der Reichsmark 1924 in Deutschland viel Geld investiert. Um ihre Liquiditätsprobleme nach dem Börsensturz zu lindern, zogen viele amerikanische und sonstige ausländische Anleger ihr in Deutschland kurzfristig angelegtes Kapital wieder zurück. Da aber viele deutsche Banken kaum über Eigenkapital verfügten, gerieten viele rasch in eine existentielle Krise, zumal ihr Fremdkapital zu 40 % aus ausländischen, kurzfristig geliehenen Mitteln bestand, die aber wiederum langfristig in Form von Krediten oder Unternehmensbeteiligungen angelegt waren, über die sie daher nicht sofort verfügen konnten.

Als Reichskanzler Brüning im Kontext der alljährlich fälligen Reparationszahlungen auf deutsche Zahlungsprobleme und gar auf einen möglichen Staatsbankrott verwies, verstärkte das noch den Abfluss des ausländischen Kapitals. Allein die Reichsbank verlor im Juni 1931 etwa die Hälfte ihres Gold- und Devisenbestandes. Der Konkurs einer norddeutschen Wollfabrik brachte die Darmstädter- und Nationalbank ins Straucheln, immerhin damals die zweitgrößte deutsche Bank, es folgten die Dresdner Bank und die Commerzbank. »Bankfeiertage«, an denen die Schalter geschlossen blieben, sollten den bedrohten Banken Luft verschaffen. Durch Staatshilfen wurden manche Großbanken gerettet, weit über 300 andere deutsche Banken und Sparkassen mussten damals aufgeben. Für mittelständische Unternehmen und die Industrie war dies äußerst fatal, denn sie waren oft auf kurz- oder mittelfristige Kredite angewiesen.

Deutschland geriet dadurch rasch und besonders heftig in die ökonomische Krise, ja geradezu in einen Teufelskreis.

	1929	1930	1931	1932	1933
Bruttosozialprodukt	101	94	79	65	67
Bruttoinvestition	77	60	28	33	41
Industrieproduktion	102	87	69	58	66
Investitionsgüterproduktion	103	81	61	46	49
Konsumgüterproduktion	978	91	87	74	74
Konsumpreise	98	91	–	67	67
Durchschnittliches Lohn- und Gehaltseinkommen	101	94	80	62	63
Reallöhne	106	107	102	86	84
Beschäftigtenzahl (in Mio)	17,9	16,5	14,4	12,5	13,4
Arbeitslosenzahl (offiziell in Mio)	1,9	3,7	5,1	5,3	6,0
Arbeitslosenquote (in % der Erwerbstätigen)	9,6	15,7	24	30	26

Die »Große Depression« in Deutschland 1929–33 (1928 = 100)

Wartende Arbeitslose im Hinterhof des Arbeitsamtes Hannover, Königsworther Platz, Frühjahr 1932. Fotografie von Walter Ballhause

Die Wirtschaftskrise hatte auch dramatische politische Veränderungen zur Folge, denn in Deutschland vertrauten immer weniger Menschen dem politischen Gestaltungspotential des demokratischen Systems. Die NSDAP entwickelte sich rasch von einer Splitterpartei zu einer Massenpartei. Durch die Mehrheitsverhältnisse im Reichstag waren die geschrumpften demokratischen Parteien zur Ohnmacht verurteilt und die konservativen Eliten entwickelten autoritäre Modelle zur Lösung der politischen und wirtschaftlichen Krise. Vor allem das Bündnis dieser rechtskonservativen Kräfte mit der NSDAP versetzte dann der Weimarer Republik endgültig den Todesstoß.

Präsidialregime

1930 zerbrach die Große Koalition unter Hermann Müller (SPD), die im Parlament noch eine Mehrheit gehabt hatte. Bei der Regierungsbildung suchte man nicht ernsthaft nach einer neuen Regierung, die vom Vertrauen des Reichstags getragen wurde. Reichspräsident Hindenburg beauftragte vielmehr den Fraktionsvorsitzenden der Zentrumspartei, Heinrich Brüning, mit der Bildung einer neuen Regierung, dem ersten Präsidialkabinett, das unabhängig von Parlamentsmehrheiten agieren sollte.

Verfassungsrechtlich war dies nicht unproblematisch, denn ein »Notstand« im strengen Sinne, der unverzüglich rasche Verordnungen zur »Wiederherstellung der öffentlichen Ordnung« erforderte, lag nicht vor. Hindenburgs wie auch Brünings Ziel war es vielmehr, den Weg für eine Wiederherstellung der Monarchie vorzubereiten und das Parlament zu entmachten. Hierzu hatte Hindenburg mit seinen Beratern seit Ende 1929 Pläne entwickelt, wie eine Regierungsbildung aussehen könnte, die nicht mehr vom Parlament, sondern vom Vertrauen des Reichspräsidenten abhängig sein sollte. Brüning hatte sich bereitwillig in diese Planungen eingefügt. Seine Stellung hing nur vom Wohlwollen des Reichspräsidenten bzw. dessen Beraterkreises ab.

Damit setzte die Verlagerung der legislativen Macht vom Parlament auf den Präsidenten ein, der nun mit Notverordnungen – zur Not auch gegen das Parlament – Gesetze in Kraft setzen konnte. Brüning versprach zwar zunächst, den Weg zur Kooperation mit dem Parlament zu suchen und mit dem Instrument des Artikels 48 nur behutsam zu verfahren. Tatsächlich aber kam Artikel 48 in der Folgezeit immer häufiger in Anwendung:

	1930	1931	1932
Parlamentarische Gesetze	98	34	5
Notverordnungen	5	44	66
Sitzungstage des Reichstags	94	41	13

Notverordnungen und Reichstagsaktivitäten 1930–32

Alle politisch und wirtschaftlich bedeutsamen Entscheidungen wurden seither ohne die Zustimmung des Reichstags, teilweise sogar gegen ihn getroffen. Fundamentale Verfassungsprinzipien wurden damit bereits in der Zeit der Präsidialkabinette ausgehebelt. Die oppositionellen Parteien, deren Ziel es war, demokratische Strukturen zu retten, waren zur hilflosen Untätigkeit verurteilt. Das Parlament hatte zwar das Recht, Notverordnungen zurückzuweisen; dann aber konnte der Reichspräsident den Reichstag auflösen. Neuwahlen aber (s. unten den Abschnitt »Die Septemberwahlen von 1930«) hätten für das kleiner gewordene demokratische Lager im Parlament noch desaströsere Folgen haben können, daher tolerierte die SPD notgedrungen die verfassungsrechtlich höchst prekäre Notverordnungspraxis von Heinrich Brüning.

Die Septemberwahlen von 1930

Als der Reichstag im Sommer 1930 dem Sanierungskonzept Brünings, das eine Erhöhung der Beiträge zur Arbeitslosenversicherung auf 4,5% und Steuererhöhungen sowie staatliche Ausgabenkürzungen vorsah, die Zustimmung verweigerte, wurde er aufgelöst. Die Wahlergebnisse der darauffolgenden Reichstagswahlen wirkten im In- und Ausland wie ein Schock. Die bürgerlich-konservativen Parteien, die Brünings Politik unterstützten, mussten beträchtliche Verluste hinnehmen, auch die SPD verlor Stimmen, die KPD gewann geringfügig hinzu, die NSDAP aber, bislang eine bedeutungslose Splitterpartei mit 2,6 % Stimmenanteil, wurde mit 18,3 % der Stimmen und 107 Abgeordneten die zweitstärkste Partei (hinter den Sozialdemokraten) im Reichstag.

Über diesen erdrutschartigen Sieg der NSDAP, die ihren Stimmenanteil bei der Juli-Wahl 1932 noch einmal etwa verdoppeln konnte, sind seither unzählige Studien verfasst worden. Hier können nur stichwortartig einige Gründe für den dramatischen Wahlerfolg der NSDAP aufgelistet werden (vgl. auch die »Kontroversen«, S. 94 ff.).

Als sicher gilt, dass die Wähler der NSDAP aus allen sozialen Schichten kamen, überwiegend aus protestantischen Regionen. Die systematische Organisationsarbeit, die die Parteiführung seit ihrem »Legalitätskurs« nach dem Hitlerputsch geleistet hatte, hatte sich ausgezahlt, die NSDAP war zu einer straff geführten Organisation geworden. Vor allem aber hatte die Weltwirtschaftskrise zu einer starken Verunsicherung vieler Menschen geführt, die sich nach einer sicheren Orientierung sehnten und diese bei den ›etablierten‹ Parteien vermissten. Das demokratisch-parlamentarische System hatte bereits seit Beginn der Weimarer Republik mit Legitimationsproblemen zu kämpfen, es hatte durch die zahlreichen Krisen bei weiten Teilen der Bevölkerung Ansehen verloren, und Hitler hatte nie einen Hehl daraus gemacht, dass er die ungeliebten demokratischen Institutionen – auf »legale Weise« – zu beseitigen gedachte. Weiterhin waren viele Berufs- und Interessenverbände, frustriert über die Interessenvertretung durch »ihre« Partei im Reichstag, allmählich auf eine NS-Linie umgeschwenkt. Hitler schien einen politischen Neuanfang zu verkörpern, wenn auch das konkrete politische Programm der NSDAP verworren und nebulös war. Aber die NSDAP war im

Gegensatz zu den Parteien, die bereits Regierungsverantwortung übernommen hatten, eben noch nicht verantwortlich zu machen für die sozialen Krisen, also noch nicht so delegitimiert wie die Parteien des von der NSDAP so geschmähten »Weimarer Systems«. Im übrigen erhielt die NSDAP zunehmend auch Unterstützung und Zustimmung von angesehenen Persönlichkeiten sowie beträchtliche materielle Unterstützung von Unternehmen, die um jeden Preis den Einfluss der Arbeiterparteien und der Gewerkschaften zurückdrängen oder beseitigen und die demokratischen sowie sozialpolitischen Errungenschaften der Weimarer Republik zurücknehmen wollten. Immerhin hatte Hitler wiederholt erklärt, dass seine Regierung grundsätzlich das Privateigentum respektieren würde, um Bedenken zu zerstreuen, die durch das »Sozialistische« im Parteinamen entstehen könnten. Der »sozialistische« Parteiflügel in der NSDAP (im Umkreis von Otto Strasser) war bereits 1930 aus der Parteiführung entfernt worden, was in der Partei zu keinen größeren Irritationen geführt hatte. Das »Sozialistische« in der Partei zielte eher auf die Herstellung einer klassenübergreifenden »Volksgemeinschaft«, in der nicht die Interessen von sozialen Klassen in den Blick genommen und erkämpft werden sollten, sondern die einer biologischen »Rasse«. Tatsächlich lief dies auf einen »Klassenkampf« von oben gegen die Interessen der Arbeiterschaft hinaus. Im Lager der Unternehmer wurde dies rasch verstanden und freudig begrüßt. Die späteren »Treuhänder« der Arbeit, die im »Dritten Reich« an die Stelle der verbotenen Gewerkschaften traten, verfolgten primär die Interessen des Kapitals und keineswegs die der Arbeiter.

Und schließlich forderte die nationalsozialistische Ideologie keine eigene intellektuelle Anstrengung oder selbstkritische politische Auseinandersetzung, die für eine demokratische politische Kultur unabdingbar ist: Für alle Probleme der Gegenwart hatte die NS-Propaganda einen denkbar einfachen Schlüssel: »Die Juden sind an allem schuld«.

Viele Menschen wussten zwar, dass Hitler nur ein geschickter Demagoge war, aber sie wollten mit der Wahl der NSDAP den anderen Parteien gleichsam einen Denkzettel verpassen oder damit ihrem Protest Ausdruck verleihen. Neuere wahlsoziologische Untersuchungen bestätigen weitgehend die Beobachtungen, dass die Fluktuation in der Wählerschaft der NSDAP vor 1933 immens war und die NSDAP sich kaum auf eine stabile Stammwählerschaft verlassen konnte. Daher ging es den Nationalsozialisten nach der »Machtergreifung« 1933 zentral darum, tatsächlich auch die Herzen und Seelen ihrer Wähler zu erreichen, indem sie die »Volksgemeinschaft« mit einer gewaltigen nationalsozialistischen Festkultur inszenierten. Ihre Gegner hingegen wollten sie nicht überzeugen, die wurden brutal ausgegrenzt und unterdrückt, in sehr vielen Fällen aber auch skrupellos ermordet. Vor allem die im Jahr 1932 ausgetragenen Wahlkämpfe wurden immer blutiger, dabei wurden auch zahlreiche Tötungsdelikte bewusst in Kauf genommen. Die überwiegend im Deutschen Kaiserreich sozialisierten und ausgebildeten Juristen der Weimarer Republik waren zu einer klaren juristischen Verfolgung und Ächtung dieser Straftaten, zumal wenn sie von rechts begangen wurden, wenig bereit. Dieser vorauseilende Gehorsam etwa der Justiz bestätigte Hitlers Verachtung und Zynismus gegenüber staatlichen Behörden.

Das Präsidialkabinett Brüning verfolgte entsprechend der damalig vorherrschenden volkswirtschaftlichen Lehrmeinung eine rigide Sparpolitik. Die Geldmenge sollte keinesfalls erhöht werden, denn das Trauma der Inflation während und nach dem Ersten Weltkrieg steckte noch vielen Menschen in den Knochen. Brüning wollte durch seine ›Deflationspolitik‹

einen ausgeglichenen Staatshaushalt erreichen, und da die Staatseinnahmen infolge der ökonomischen Krise sanken, musste der Staat radikal seine Ausgaben kürzen: Diese ›deflationäre‹ Sparpolitik verlangte die Kürzung von Löhnen und Gehältern sowie die Senkung von staatlichen Sozialausgaben. Um die größer werdenden Haushaltslöcher zu schließen, wurden wiederholt Steuern erhöht und staatliche Ausgaben gesenkt. Der Etat der sakrosankten Reichswehr blieb indes von diesen Kürzungen unberührt und die einflussreiche Agrarlobby wurde mit großzügigen Subventionen bedient. Diese rigorose Sparpolitik hat die ökonomische Krise nicht nur nicht beheben können, sondern eher verschärft, den Produktionsrückgang beschleunigt und die Arbeitslosenzahlen noch weiter in die Höhe getrieben. Dies reflektiert sich auch in der Außenhandelsbilanz während der Weltwirtschaftskrise:

	Einfuhr	Ausfuhr
1928	14,0	12,3
1929	13,4	13,5
1930	10,4	12,0
1931	6,7	9,6
1932	4,7	5,7
1933	4,2	4,9
1934	4,5	4,2
1935	4,2	4,3

Entwicklung des deutschen Außenhandels (in Mrd. Reichsmark)

Brünings vordringliches außenpolitisches Ziel war es, die Beendigung der Reparationszahlungen bei den Alliierten zu erreichen. Dies sollte der tief gekränkten »nationalen Ehre« und dem Selbstbewusstsein aufhelfen; er versuchte durch die Revision von zentralen Bestimmungen des Versailler Vertrags die Zustimmung zu seiner Politik zu erhöhen. Das Ziel, die Reparationszahlungen zu beenden, wurde 1932 tatsächlich erreicht, allerdings war Brüning damals schon vom Reichspräsidenten entlassen worden.

Ein Gesetzentwurf sah die Verteilung von überschuldetem Großgrundbesitz an Neusiedler vor. Dagegen liefen vor allem die adligen ostpreußischen Großgrundbesitzer Sturm und sie fanden bei Hindenburg offene Türen. Hindenburg entließ Brüning am 30. Mai 1932 in demütigender Weise. Brünings Politik hat nicht nur zu einer immer schlimmeren Verelendung breiter sozialer Schichten beigetragen, sondern die Legitimationsbasis des demokratischen Systems weiter dramatisch unterhöhlt. Seine internen Widersacher warfen ihm vor, dass er zu wenig bereit war, mit der »nationalen Opposition«, also den Nationalsozialisten, zu kooperieren. Dies sollte sich unter Brünings Nachfolgern deutlich ändern.

5 Bürgerkrieg und Machtübergabe

Die Reichspräsidentenwahl 1932

1932 lief die siebenjährige Amtszeit des Reichspräsidenten Hindenburg ab. Hitler und Hugenberg hatten erklärt, dass sie eine Wahl Hindenburgs nur dann unterstützen wollten, wenn er sich klar mit der »Nationalen Opposition« identifizierte, Brüning opferte und dem Weimarer »System« abschwor. Hierzu fand sich der Reichspräsident nicht bereit. Hindenburg ließ sich erst zu einer erneuten Kandidatur überreden, nachdem ein überparteilicher Ausschuss drei Millionen Unterschriften gesammelt hatte. Er musste aber bald darauf erbittert feststellen, dass er für seine politischen Freunde zum Kandidaten der Linken geworden war. Denn die SPD und die bürgerliche Mitte verzichteten auf die ohnedies aussichtslose Aufstellung eines eigenen Kandidaten und sahen in Hindenburg das »kleinere Übel«. Er böte am ehesten die Gewähr für die Wahrung freiheitlicher oder verfassungsmäßiger Zustände und sie stilisierten daher Hindenburg zum integren und unparteiischen Präsidenten sowie zum Gegengewicht gegen eine mögliche Wahl Hitlers hoch. Die konservative Rechte stellte Theodor Duesterberg (den Führer des Stahlhelmbundes) auf, die NSDAP Hitler und die KPD ihren Parteivorsitzenden Ernst Thälmann. Nach erbitterten und wieder blutigen Wahlkämpfen wurde Hindenburg im 2. Wahlgang gewählt, diesmal indes von Menschen, die von Hindenburg bereits 1918 als »gewissenlose Vaterlandsverräter« bezeichnet worden waren.

Brünings Nachfolger Franz v. Papen und General Kurt v. Schleicher konnten sich nur kurz an der Macht halten. Von Papen entmachtete staatsstreichartig die sozialdemokratisch geführte Regierung in Preußen (»Preußenschlag«) und säuberte die preußische Verwaltung von republiktreuen Beamten. In dieser Zeit errangen die Nationalsozialisten bei der Reichstagswahl im Juli einen gewaltigen Triumph, sie erhöhten ihren Stimmenanteil auf 37 %. Von Papen versuchte, Hitler in die Regierung einzubinden, aber Hitler wollte sich nicht mit dem Amt eines Vizekanzlers bescheiden; auch Hindenburg lehnte den »böhmischen Gefreiten« als Kanzler ab. Diese Abfuhr stürzte die NSDAP in eine Krise. Aber auch v. Papen wurde Opfer einer »Palastintrige«. Sein Nachfolger v. Schleicher suchte sich eine breitere politische Basis zu verschaffen und dachte hierbei an die Kooperation mit den Gewerkschaften und der Sozialdemokratie. Als politisches Bindeglied zur Arbeiterbewegung sollte ein Arbeitsbeschaffungsprogramm dienen. Da Hindenburg aber eine wie auch immer geartete Zusammenarbeit mit der politischen Linken kategorisch ablehnte, endete auch das Präsidialkabinett v. Schleichers nach bereits 57 Tagen.

Demokratie und Diktaturen in Europa

Eine ähnliche Entwicklung wie in Deutschland vollzog sich auch in vielen anderen europäischen Staaten. Nach dem Ersten Weltkrieg wurden u. a. durch den Versailler Vertrag viele neue Nationalstaaten in Europa geschaffen, z. B. Polen und einige Staaten auf dem Balkan. Die Menschen hofften, dass nun ihr Staat kräftig nach innen und außen auftreten und viele soziale und politische Konflikte rasch lösen würde. Viele Menschen waren aber mit den neuen Grenzziehungen nicht einverstanden, sie hatten sich ein größeres Territorium erhofft. Italien etwa träumte von der alten Größe des Imperiums Romanum und betrachtete das Mittelmeer als »mare nostro«, als sein Einfluss- und Herrschaftsgebiet.

Während aber politische Konflikte und lebhafter Meinungsstreit in den alten Demokratien (z. B. in England oder den skandinavischen Staaten) als selbstverständlicher und notwendiger Teil des demokratischen Prozesses verstanden wurde, sahen dies Menschen in den jungen Demokratien als Nachteil an, sie erhofften sich rasche Erfolge, die durch einen starken ›Führer‹ und eine autoritäre Ordnung eher realisierbar schien. In diesen Ländern lehnten auch häufig die alten Eliten, also hohe Juristen, Großgrundbesitzer, Unternehmer, Adlige usw. die liberale parlamentarische Demokratie rundweg ab, zumal diese ihre traditionellen Privilegien beschnitt. Sie unterstützten daher durch populäre ›Führer‹ inspirierte rechtskonservative Massenbewegungen, die eine effektivere autoritäre Ordnung und ›nationale Größe‹ zu gewährleisten schienen. Solche autoritä-

Demokratie und Diktaturen in Europa (1917–1939)

ren Ordnungen entstanden u. a. in allen Balkanstaaten, in Italien, Spanien, Portugal und Polen, während sich die alten Demokratien in Frankreich und England, in Skandinavien und in der jungen Tschechoslowakei behaupten konnten.

Bürgerkrieg in Deutschland

In der Zeit der Weltwirtschaftskrise, insbesondere im Jahr 1932, eskalierten die parteipolitischen Auseinandersetzungen zum Bürgerkrieg. Einem Bericht der preußischen Kommissariatsregierung zufolge (Blasius, S. 81 f.) gab es allein zwischen Januar und August 1932 bei politisch motivierten Ausschreitungen 155 Todesopfer auf preußischem Staatsgebiet. Zwischen dem

1. und 20. Juli 1932 hatte die NSDAP hier 32 Opfer zu beklagen, die KPD 16. Eine Statistik des preußischen Innenministeriums über politische Ausschreitungen verzeichnete im preußischen Staatsgebiet (Juli/August 1932) 493 Fälle, in 207 Fällen seien die Kommunisten die »Angreifer« gewesen, in 160 die Nationalsozialisten, in 47 Fällen das Reichsbanner bzw. die sozialdemokratische Eiserne Front.

Polizei und Justiz schienen diesen Gewaltexzessen gegenüber hilflos und ohnmächtig. Die staatlichen Reaktionsmuster (Ausweitung polizeilicher Befugnisse, Ausweitung der Anwendung der Todesstrafe, Überlegungen zur Einführung von Sondergerichten u. ä.) sind von Historikern dahingehend interpretiert worden, dass sich die Weimarer Staatsordnung schon vor 1933 unter maßgeblicher Beteiligung der bürgerlichen Eliten von innen heraus selbst zerstörte. Die Politik reagierte auf die Eskalation der Gewalt auf den Straßen nicht mit einer vorausschauenden Eindämmung, sondern mit einer Politik, die das Gewaltmonopol des Staates aufs Spiel setzte, denn das staatliche Krisenmanagement habe mehr oder minder unbeabsichtigt der NSDAP in die Hände gespielt, deren Gewalthandlungen von staatlichen Behörden eher geduldet wurden.

Brüning stützte sich bei seiner Krisenpolitik auf Hindenburg, der – inspiriert durch Repräsentanten »vaterländischer Verbände« – das sozialdemokratisch geführte Preußen als »roten Diktatur-Staat« betrachtete (und nicht als demokratische Bastion). Diese sozialdemokratisch geführte Regierung sollte also um jeden Preis gestürzt werden, und das vollzog sich im Sommer 1932, als die geschäftsführende preußische Regierung per Notverordnung durch einen Reichskommissar ersetzt wurde (Papens »Preußenschlag«).

Die SPD wiederum unterstützte 1932 die Wiederwahl Hindenburgs als Reichspräsidenten, wodurch sie sich noch weiter von ihrer Arbeiter-Klientel entfremdete.

Von Papens Krisenmanagement bestand im wesentlichen darin, der NSDAP den Weg zur Regierungsbeteiligung zu ebnen. Unter v. Papen und v. Schleicher wurde das Arsenal geschaffen, aus dem sich Hitler auf seinem Weg zur Diktatur bedienen konnte: z.B. Ausnahmegesetze gegen die politische Linke, Einführung der Schutzhaft, Schaffung einer Sondergerichtsbarkeit, Listen von Personen, die bei einem Ausnahmezustand sofort festgesetzt werden sollten. Diese Maßnahmen waren freilich nicht geeignet, den inneren Frieden zu fördern, sie heizten vielmehr die bürgerkriegsähnlichen Verhältnisse eher an.

Immer mehr bürgerliche Intellektuelle entwickelten den Irrglauben, erst der Nationalsozialismus garantiere die Wiederherstellung des inneren Friedens und die Überwindung des Bürgerkriegs. Auf diese Weise verabschiedete sich die bürgerliche Öffentlichkeit von liberalen Traditionen. Teile der alten Eliten begrüßten die neuen nationalsozialistischen Machthaber als Retter der bürgerlichen Ordnung.

Die Machtübergabe an die Nationalsozialisten

Man könnte nun die letzten Tage der Weimarer Republik wie ein groteskes Intrigen- und Schurkenstück zwischen v. Papen, Hindenburg, Schleicher, Hitler u.a. darstellen – das ergäbe jedoch ein verzerrtes Bild. Tatsächlich wurden hier vielfältige Kräfte und Interessen wirksam, die sich mehr oder minder untergründig und manifest in den letzten Jahren der Weimarer Republik durchsetzen konnten. Der Prozess der Machtübergabe an Hitler kann nicht auf die individuellen Entscheidungen einzelner Politiker reduziert werden, das wäre eine historisch völlig unzulängliche wie unzulässige Personalisierung vielfältig verwobener Prozesse. Denn die daran beteiligten Politiker und Persönlichkeiten repräsentierten auch spezifische soziale und politische Interessen, die sie gleichsam habitualisiert und verinnerlicht hatten. Die Entscheidungen unmittelbar vor der Machtübergabe an Hitler vollzogen sich vielmehr in einer sozial und politisch ungemein komplexen Konstellation, die »hinter dem Rücken« der einzelnen Entscheidungsträger wirksam war. Von Papen oder Hindenburg konnten also keineswegs beliebig individuell oder subjektiv entscheiden, sie waren vielmehr bei ihren Entscheidungen in ein vielschichtiges politisches und ökonomisches Interessen- und Beziehungsgeflecht eingebunden, das ihnen nur geringe individuelle Spielräume ließ. Für Hindenburg persönlich war es beispielsweise kaum denkbar, dass er Entscheidungen gegen seine Standesgenossen, gegen die adligen ostelbischen Großgrundbesitzer, traf, auch wenn diese politisch durchaus begründbar und vernünftig gewesen wären.

Nach seinem Sturz intrigierte v. Papen gegen seinen Nachfolger v. Schleicher und suchte Bündnispartner im konservativen Lager. Dabei kam ihm auch Oskar v. Hindenburg, der Sohn des Reichspräsidenten, zupass, der bei einer Unterredung mit Hitler von diesem sehr angetan war. Bei Gesprächen zwischen v. Papen und Hitler im Haus des Kölner Bankiers Kurt von Schroeder (vgl. *Quelle 17*) und bei weiteren Gelegenheiten wurden einflussreiche Industrielle eingebunden. Hitler beschied sich schließlich »großmütig« damit, dass bei seiner Reichskanzlerschaft nur drei weitere NSDAP-Mitglieder Ministerposten erhalten sollten (Frick – Innenministerium; Goebbels – Volksaufklärung; Göring – Luftfahrtministerium), während die Mehrheit der Minister parteilose Fachleute aus dem Kabinett v. Papens sowie Repräsentanten des rechtskonservativen Lagers waren. Damit war am 30. Januar 1933 der Weg frei zur Kanzlerschaft Hitlers. Am 1. Februar erhielt Hitler von Hindenburg die Zustimmung zu Neuwahlen am 5. März. Von Papen wähnte völlig naiv, Hitler »eingerahmt« bzw. »gezähmt« zu haben.

Während die SA und die NSDAP auf den Straßen stürmisch die nationalsozialistische »Machtergreifung« feierten, meinten ihre bürgerlich-konservativen Partner, dass nur ein Präsidialkabinett das nächste ablösen würde.

In den nächsten Wochen sollten alle bürgerlich-demokratischen Errungenschaften seit der Französischen Revolution und der deutschen Novemberrevolution vollständig beseitigt werden: die politische Gewaltenteilung und die gegenseitige Gewaltenkontrolle, die elementaren Grund- und Menschenrechte, die sozialen und politischen Errungenschaften der Arbeiterbewegung, die Achtung der Rechte von kulturellen und religiösen Minderheiten sowie von geistig oder körperlich Behinderten. Dass sich 1933 ein ebenso fundamentaler wie menschenverachtender »Zivilisationsbruch« vollzog, war den allermeisten Zeitgenossen nicht bewusst. Zählte man sich nicht zu den politischen Gegnern des neuen Regimes, konnte man ziemlich unbesorgt zur Tagesordnung übergehen. Politische Gegner des neuen Systems mussten aber nun mit vielfältigen Repressionen rechnen.

Ursachen für den Aufstieg des Nationalsozialismus

Als der Zeithistoriker Martin Broszat in den 1980er Jahren eine »Historisierung« des Nationalsozialismus forderte, meinte er damit eine Interpretation der deutschen Geschichte, die den Nationalsozialismus aus den deutschen historischen Zusammenhängen heraus zu begreifen sucht und nicht mehr als Einbruch einer »fremden Schicksalsmacht«, die den deutschen Traditionen nicht entspräche. Wie konnte Adolf Hitler, aus politikfernen und sehr einfachen Verhältnissen kommend, der im bürgerlichen Leben völlig gescheitert war, in Deutschland einen solchen Erfolg verbuchen und in extrem kurzer Zeit zum frenetisch bejubelten »Führer« avancieren?

Die Sozialgeschichtsforschung akzentuiert hierzu folgende Befunde: Hitlers Vorstellungswelt entsprach weitgehend den politischen Traditionen, aber insbesondere auch den Verletzungen, die Deutschland seit 1918 erfahren musste. In seiner Person bündelte sich eine Erlösungserwartung der deutschen Öffentlichkeit, der die anderen politischen Parteien und deren Führer (in der Regel rasch diskreditiert durch ihre angebliche politische Erfolglosigkeit) nicht entsprechen konnten. Nach der traumatisierenden militärischen Niederlage von 1918 fieberte man in Deutschland einem »zweiten Bismarck« entgegen.

Hitler gelang aus eigener Kraft kein Durchbruch zur politischen Macht. Es waren vielmehr die Angehörigen der alten Eliten, die ihm den Weg zur Kanzlerschaft ebneten und ihm die »legalen« Instrumente zur Errichtung einer Diktatur jenseits einer parlamentarischen Ordnung zur Verfügung stellten. Ohne die bereitwillige Unterstützung durch große Teile der Justiz, der Bürokratie, des Militärs, der Kirchen und der Universitäten hätte Hitler weder an die Macht gelangen noch seine Diktaturpläne umsetzen können. Die genannten Institutionen gingen bei der Unterstützung Hitlers weit über ihre Gehorsamspflicht gegenüber staatlichen Ansprüchen hinaus. Seine kompromisslose Haltung dem verhassten parlamentarischen System und dem verachteten Ausland gegenüber bündelte viele Klischees, die auch bei großen Teilen der alten Eliten vorhanden waren.

In Deutschland selbst waren also bereits vor 1933 die Bedingungen für die Herrschaft eines Diktators vorhanden, diese wurden nicht erst durch den Terror nach der Machtübergabe geschaffen, sondern ermöglichten vielmehr den Terror, durch den sich Hitler zwölf Jahre an der Macht hielt und dabei Deutschland in den Abgrund riss und unvorstellbares Unrecht beging.

II Kontroversen

1 Zum Charakter der Revolution 1918/19

Können die Umbrüche um 1918 als »Revolution« bezeichnet werden? Wurden hier wirklich weitreichende und tiefgreifende Entscheidungen vollzogen, die die Bezeichnung »Revolution« verdienen? Oder wurden 1918/19 große Chancen verspielt? Die historische Forschung hat in dieser Frage bislang noch keinen Konsens erzielt. Man behilft sich bisweilen mit Begriffen wie »steckengebliebene Revolution« oder »halbe Revolution«.

Generell ist der Revolutionsbegriff traditionell in Deutschland eher negativ konnotiert, man verbindet mit ihm seit 1793 eher Terror und Guillotine, man denkt weniger an historischen Fortschritt, an Abschaffung eines überlebten sozialen und politischen Systems, an soziale Gleichheit, Menschenrechte und Emanzipation. – Konnte es in einem Staat wie Deutschland überhaupt noch eine Revolution geben, der bereits im frühen 20. Jahrhundert eine hochentwickelte Industriegesellschaft mit schon ansatzweise ausgeprägten sozialstaatlichen Elementen darstellte, die man nicht aufs Spiel setzen wollte? Oder blieb in Deutschland die allzu zögerliche Revolution stecken, kapitulierten die neuen politischen Eliten vielleicht sogar vor den alten Führungskräften? Suchten sie, um erfolgreich zu sein, vorschnell und zu kompromisslerisch den relativ friedlichen Ausgleich mit traditionalen Gewalten? Oder wollten die jetzt an die Macht gekommenen Sozialdemokraten die neue Republik auf eine breitere soziale und politische Basis zu stellen, wobei sie vielleicht selbst den radikaleren Kräften mit der Hilfe und den Machtmitteln der reaktionären alten Eliten willentlich die Luft abschnürten?

Dass eine Revolution stattfand, war den Zeitgenossen jedenfalls klarer als den Nachgeborenen. Zwei Stellungnahmen illustrieren den unmittelbaren Eindruck vom November 1918 besonders eindrucksvoll. So schrieb der den Nationalliberalen nahestehende Historiker und Publizist Hermann Oncken (1869–1945) im Jahr 1918:

»Wenn einst die lockeren Formen des Staatenbundes mitsamt den unsicheren Privilegien vormärzliche Throne in die Luft geblasen wurden, so ist das feste Gefüge des neuen Reiches auseinandergefallen. Das deutsche Kaisertum, die Sehnsucht der Väter, und mit ihm alle Dynastien sind wie im Handumdrehen beseitigt, aber auch Bundesrat und Reichstag sind widerstandslos außer Kraft gesetzt worden, der föderale Aufriß unseres Staates und die noch vor ein paar Wochen begrüßte demokratisch-parlamentarische Begründung unserer Zentralgewalt sind in demselben Augenblick niedergebrochen.«

Oncken zufolge wären also die traditionellen Machtinstitutionen des Deutschen Reiches durch die Novemberrevolution völlig außer Kraft gesetzt, eine offenkundige Fehleinschätzung, die einen radikalen Bruch diagnostiziert.

Ähnlich argumentierte 1919 der sozialdemokratische Journalist und Reichstagsabgeordnete Ludwig Quessel (1872–1931):

»[…] die Massen (können) den Lockungen der Anhänger des alten Systems nicht mehr folgen […], selbst wenn sie mit dem Neuen tief unzufrieden sind, weil sie hinter die Kulissen des Obrigkeitsstaats geblickt haben […]. Ein Volk, das die Macht zittern, die Weisheit sich zanken, die Unfehlbarkeit stottern, die Pracht sich schminken sah, kann den Weg zur alten Obrigkeit nicht mehr zurückfinden, selbst wenn es erkennen sollte, daß ihm die moralischen

Qualitäten zur Selbstbestimmung seines Schicksals abgehen.«

Auch Quessel sieht bei aller Skepsis gegenüber den neuen politischen Bewegungen, dass nach 1918 ein Weg zurück zum alten autoritären System nicht mehr möglich ist.

Der Historiker Ulrich Kluge begründet, warum er an dem Begriff »Revolution« – mindestens als »Arbeitsbegriff« – festhalten will, denn »innerhalb kurzer Zeit erlebte Deutschland eine massive Veränderung politischer und sozialökonomischer Strukturen, wie sie keine Reformpolitik im Rahmen der Kräftekonstellation des Kaiserreichs zuwege gebracht hätte«. In der Beurteilung durch die Historiographie bestehe eine Übereinstimmung darin, dass die Revolution »steckengeblieben« sei, obgleich sie die Restauration vorrepublikanischer Verhältnisse auf Dauer verhinderte. Das partielle Scheitern der Revolution werde häufig aus einer Fehlentwicklung der Rätebewegung erklärt: Die sich in der Novemberrevolution formierenden Arbeiter-und-Soldatenräte zerfielen rasch, sie wurden aber von den Arbeiterparteien und der zum Jahreswechsel 1918/19 gegründeten KPD absorbiert. Die sich radikalisierenden Reste der Rätebewegung hätte die Gegenrevolution mit heraufbeschworen. Die Spaltung der Arbeiterbewegung in rivalisierende und sich gegenseitig bekämpfende Strömungen hätte den demokratischen Neubeginn geschwächt. Weite Teile der Bevölkerung, die nicht mit der sozialistischen oder kommunistischen Arbeiterbewegung sympathisierten, nahmen rasch eine revolutions- und rätefeindliche Haltung ein.

Aber dennoch habe 1918/19 eine Revolution stattgefunden, wenn man konstitutive Elemente einer Revolution betrachtet:

- Die politische Entwicklung erlebt keine kontinuierliche Entwicklung, sondern ist von Diskontinuität geprägt.

- Soziale und politische Konflikte werden unnachsichtig und gewaltsam ausgetragen, der politische Gegner werde nicht bekämpft, sondern besiegt.
- Es kommt zu einem deutlichen Revirement in zentralen traditionellen Machtpositionen.
- Eine neue politisch-soziale Ordnung wird begründet und politisch realisiert.

Kluge zufolge erlebte Deutschland 1918/19 eine fundamentale Veränderung politischer und sozialökonomischer Strukturen, wie sie keine parlamentarische Reformpolitik im Rahmen der Kräftekonstellation des Kaiserreichs zuwege gebracht hätte. Durch die Weimarer Republik kam es zu einer grundsätzlich neuen staatlichen Formierung in der deutschen Geschichte. Die politische und soziale Struktur der neuen Ordnung seit 1919 unterschied sich deutlich von der des Kaiserreichs. »Im vorliegenden Zusammenhang ist die Verwendung des Begriffs ›Revolution‹ aufgrund der Tatsache berechtigt, dass die Republik das Resultat historisch unvorhersehbarer Ereignisse war, neue Qualitäten des Staatsgefüges besaß, also keine partielle Rekonstruktion des Kaiserreichs darstellte. In der Entstehung der Republik drückte sich in der Tat die weitgehende Diskontinuität der historischen Entwicklung Deutschlands aus.« (Ulrich Kluge, *Die deutsche Revolution 1918/19*, Frankfurt a. M. 1985, S. 11–13 u. ö.)

So einleuchtend Kluge die Diskontinuität durch die Novemberrevolution auch begründet, es lassen sich auch einige sehr folgenreiche Kontinuitäten zwischen dem Kaiserreich und der Weimarer Republik diagnostizieren:

- Die außerordentlich folgenreiche Elitenkontinuität in wichtigen sozialen und politischen Bereichen, etwa in den Universitäten und Schulen, beim Militär, in der Staatsverwaltung, der Justiz, bei der Polizei, in der Schaffung eines »Ersatzkaisers« in Gestalt eines machtvollen Reichspräsidenten, dem die Weimarer Reichsverfassung weitreichende Vollmachten gegenüber dem Parlament und bei der Gesetzgebung einräumte (Auflösungsrecht des Parlaments sowie das Notverordnungsrecht nach Art. 48 WRV).

- In der Weimarer Reichsverfassung reflektiert sich insofern auch ein Misstrauen gegenüber der neuen parlamentarischen Ordnung.
- Die kapitalistische Wirtschaftsordnung wurde nicht grundsätzlich in Frage gestellt, sondern bereits durch das Stinnes-Legien-Abkommen vom Herbst 1918 sozialpolitisch ein wenig abgemildert. Die weitreichenderen Sozialisierungsforderungen der sozialistischen Arbeiterbewegung wurden aber damit erfolgreich abgewehrt und die traditionelle bürgerlich kapitalistische Eigentumsordnung wurde zementiert.
- Die Kriegsniederlage wurde in sehr weiten Kreisen der Bevölkerung nicht akzeptiert, der deutsche »Weltmachtstraum« blieb in der Bevölkerung lebendig, er artikulierte sich vor allem in den Revisionsforderungen gegenüber dem »ungerechten« Versailler Vertrag, der von allen politischen Parteien abgelehnt wurde.
- Die sozialen und politischen Frontstellungen des Kaiserreichs blieben auch noch in der Weimarer Republik lebendig und politisch wirksam und führten letztlich zur Zerstörung der neuen demokratischen Ordnung.

Dieser wissenschaftliche Streit um die Chancen der deutschen Revolution 1918 ist bislang unentschieden. In der obigen Darstellung dominiert die Sichtweise, dass die fatale Spaltung der Arbeiterbewegung im Ersten Weltkrieg die Mehrheitssozialdemokratie unter Friedrich Ebert in eine schwierige Situation manövriert hat, die einen Ausgleich mit den revolutionären

Kräften, die früher selbst zur Sozialdemokratie gehörten, sehr schwierig machten. Ebert suchte bereits am Abend nach seiner Ernennung zum Reichskanzler eine Verständigung mit dem General Groener, dem er, als Gegenleistung dafür, dass sich die Reichswehr hinter die neue Reichsregierung stellte, freie Hand bei der Bekämpfung des »Bolschewismus« zusicherte, mithin zu einem Zeitpunkt, als die KPD noch gar nicht gegründet war oder ein klarer Trend, wohin sich die Rätebewegung politisch entwickeln würde, noch gar nicht absehbar war. Die Freikorps und die Reichswehr haben von dieser Ermächtigung in den ersten Jahren der Republik in hemmungsloser wie blutiger Weise bei der Niederschlagung von linksradikalen Bewegungen Gebrauch gemacht und damit die folgenreiche Spaltung der Arbeiterbewegung vertieft.

Vor allem der Historiker Eberhard Kolb hat die Chancen und Möglichkeiten einer deutschen Revolution auf einer breiten empirischen Basis auszuloten versucht: Während Kolb eher die »Offenheit« der historischen Situation betont und meint, dass die Sozialdemokratie (und natürlich auch die bürgerlichen Kräfte) die Gefahren einer »Bolschewisierung« Deutschlands viel zu bedrohlich an die Wand malten und daher auch auf die Loyalität alter Machteliten vertraute, meint Heinrich August Winkler, dass es in hochindustrialisierten Gesellschaften grundsätzlich ein ausgeprägteres Interesse an einer stabilen (sozial)staatlichen Ordnung gäbe und dass dies revolutionshemmend wirkte.

2 Versäumnisse 1918/19?

Der Historiker Eberhard Kolb diskutiert, ob 1918/19 mehr politische und gesellschaftliche Veränderungen möglich gewesen wären: Er meint, dass die neuen politischen Entscheidungsträger 1918/19 ihre politischen Entscheidungsspielräume zu defensiv, zu vorsichtig oder zu skeptisch, zu ängstlich beurteilt hätten. Sie hätten bei der inneren Neuordnung nach dem Zusammenbruch des Kaiserreichs »einen zwar näher zu bestimmenden, aber insgesamt doch zweifellos größeren Handlungsspielraum [gehabt], als jene Deutung unterstellt, welche nur eine Entscheidungsalternative der Wintermonate 1918/19 anerkennen will: Bolschewisierung Deutschlands oder Zusammenwirken der Mehrheitssozialdemokratie mit den traditionellen Machteliten zur Sicherung der inneren Ordnung und zur Errichtung einer parlamentarischen Republik.«

Kolb argumentiert, dass dieser Handlungsspielraum es der Revolutionsregierung u.a. erlaubt hätte, selbstbewusster und entschiedener gegenüber der Führung der alten kaiserlichen Armee aufzutreten und vorbereitende Schritte zu einer Sozialisierung wenigstens des Bergbaus zu unternehmen. Die Revolutionsregierung habe es entgegen ihren Versprechungen versäumt oder nicht gewagt, das beträchtliche Potenzial der Arbeiter-und-Soldatenräte zugunsten einer sozialdemokratischen Reformpolitik einzusetzen. Die SPD-Führung schreckte indes vor einem solchen klaren Kurs zurück, »nicht primär unter dem Diktat übermächtiger Sachzwänge, sondern einerseits im Vertrauen auf eine dauerhafte Loyalität der alten Machteliten gegenüber den neuen Machthabern, andererseits aus grundsätzlichem Mißtrauen gegenüber einer spontanen Massenbewegung, die zwar teilweise ein amorphes Gepräge aufwies, die aber im November und Dezember weitestgehend von den Mitgliedern und Anhängern der Sozialdemokratie getragen wurde und sich in ihren politischen Forderungen innerhalb des Spektrums sozialdemokratischer Programmatik bewegte.« (Kolb, ^{2}1988, S. 158 f.)

Für diesen defensiven Kurs musste die SPD eine bittere Quittung hinnehmen, die USPD und die KPD wuchsen in der

Folgezeit auf Kosten der SPD zu einer Massenbewegung heran. Dadurch wurden vor allem die Legitimationsgrundlagen der demokratischen Weimarer Republik vom ersten Tag an gravierend und folgenreich geschwächt. Um die demokratische Republik auf eine breitere politische und soziale Basis zu stellen, suchten die 1918 politisch stark geforderten Sozialdemokraten das Bündnis mit den alten Eliten und mit der überkommenen bürgerlichen Ordnung. Damit ermöglichten sie in einer politisch offenen Situation fatale politische Kontinuitäten.

Der Historiker Heinrich August Winkler meint hingegen, dass es 1918/19 gar nicht zu einer »echten Revolution« hätte kommen können: In Deutschland existierte zwar bis zum Oktober 1918 kein parlamentarisches Regierungssystem, aber seit einem halben Jahrhundert das allgemeine, gleiche und direkte Reichstagswahlrecht für Männer. Bismarck hatte bereits 1866 im Norddeutschen Bund und 1871 im Deutschen Reich dieses Wahlrecht gegen viele Widerstände aus dem konservativen Lager eingeführt. Das Kaiserreich könne daher nach Winkler nicht einfach als »Obrigkeitsstaat« beschrieben werden. »Deutschland war seit 1918 bereits zu demokratisch, um sich eine revolutionäre Erziehungsdiktatur (sei es nach dem Vorbild der französischen Jakobiner von 1793 oder, was aktueller war, nach dem der russischen Bolschewiki von 1917) aufzwingen zu lassen.«

Weiterhin argumentiert Winkler, dass Deutschland im frühen 20. Jahrhundert viel zu industrialisiert für einen völligen Umsturz der gesellschaftlichen Verhältnisse gewesen wäre. Die früheren demokratischen Revolutionen in Nordamerika und Frankreich hätten alle vor der Industriellen Revolution, also in überwiegend agrarischen Gesellschaften, stattgefunden, das gilt ebenso für die russische Oktoberrevolution. In diesen Gesellschaften dominierte noch eine Subsistenzwirtschaft, in solchen Gesellschaften mit einem kaum ausgebauten staatlichen Apparat sei es viel leichter, die Personen im staatlichen Apparat auszutauschen. Kennzeichnend für hochindustrialisierte Gesellschaften sei es aber, dass ein großer gesellschaftlicher Bedarf an staatlichen Dienstleistungen und damit ein Interesse an der Aufrechterhaltung von administrativer Kontinuität innerhalb der Bürokratie von Staat und Kommunen bestehe. Der in Deutschland bereits erreichte Grad der Demokratisierung und der Industrialisierung habe also objektiv revolutionshemmend gewirkt. Daher könne die deutsche Revolution von 1918/19 nicht zu den »großen Revolutionen« in der Geschichte gerechnet werden. (H.A. Winkler (Hrsg.), *Weimar. Ein Lesebuch zur deutschen Geschichte*, München 1997, S.17ff.)

3 Warum scheiterte die Weimarer Demokratie?

Mit dieser Leitfrage wurden zahlreiche bedeutende Studien zur Weimarer Republik erarbeitet. Zu den – durchaus triftigen – Standardargumenten zu diesem Problem gehören in diesen Arbeiten und auch vor allem in Unterrichtswerken seit jeher Hinweise auf den Versailler Vertrag und auf die Weltwirtschaftskrise sowie insbesondere auf die »Mängel« der Weimarer Reichsverfassung, die einem autoritären Regime Vorschub geleistet hätten.

Durch die Weimarer Reichsverfassung (WRV) wurden aus den bisherigen Staaten des Deutschen Reichs nun Länder mit nur sehr begrenzten Gesetzgebungskompetenzen. Die Weimarer Republik war im Gegensatz zum Deutschen Kaiserreich eher zentralistisch organisiert. Vor allem die Steuergesetzgebung, aber auch die bisherigen Reservatrechte über die Post, das Verkehrswesen und vor allem das Militär gingen nun auf das Reich über. Dementsprechend verlor der bisherige Bundesrat stark an Macht, der Reichsrat der Weimarer Republik hatte wohl ein Einspruchsrecht, das aber durch den Reichstag übergangen werden konnte. Das bisherige Mehrheitswahlrecht wurde durch das ›gerechtere‹ Verhältniswahlrecht abgelöst, das eine Parteienzersplitterung begünstigte und schwierige Koalitionsverhandlungen und eine entsprechende Kompromissbereitschaft forderte, die bei dem doktrinären Charakter vieler Parteien oft nicht vorausgesetzt werden konnte. Während im Kaiserreich der Reichstag nur eine mitwirkende Rolle bei der Gesetzgebung spielte, rückte der Reichstag nun in die Rolle des entscheidenden Machtzentrums, insbesondere der Reichskanzler und die Reichsminister benötigten das Vertrauen des Reichstages. – Als fatal sollte sich in den späteren Krisenjahren der Weimarer Republik, in der Weltwirtschaftskrise, die herausgehobene Machtstellung des Reichspräsidenten erweisen, der im Falle eines Notstands (durch Art. 48) gleichsam zu einem »Diktator auf Zeit« werden konnte. Insofern war in der Machtfülle des Reichspräsidenten eine gewisse Kontinuität zum Kaiserreich hergestellt, zumal der Reichspräsident, der »Vertrauensmann des Volks« (durch seine Wahl durch das Volk) auch das Parlament auflösen und Neuwahlen anordnen konnte. Viele Historiker sehen in dieser Verfassungskonstruktion einen beachtlichen Strukturmangel der ansonsten durchaus freiheitlichen WRV, die sich in die Tradition der 1848er-Revolution stellte. Der Reichspräsident sollte ein stabiles Gegengewicht gegen das Parlament und die Parteien bilden, denen die Verfassungsväter der WRV mit einigem Misstrauen begegneten.

Aber hätte eine andere, eine ›bessere‹ Verfassung den Untergang der Weimarer Demokratie verhindern können? Diese kontrafaktische Frage lässt sich natürlich nicht eindeutig beantworten, wahrscheinlich hätte auch eine andere Verfassung nicht die Auflösung der Demokratie verhindern können.

Der Historiker Detlev Peukert relativiert jedenfalls die verbreitete Einschätzung, dass die Weimarer Republik an den

Strukturmängeln der Verfassung und insbesondere an der oft behaupteten »Selbstausschaltung des Parlaments« gescheitert sei.

Historiker und Zeitgenossen beurteilten die WRV oft danach, was man in der schlechten politischen Praxis aus ihr gemacht hatte. Tatsächlich sei es einer Verfassungsidee zuzurechnen, welche Anwendungen und Verformungen sie den politisch Handelnden ermöglicht. Gerecht werde man ihr aber nur dann, wenn man auch jene alternativen Entwicklungen berücksichtigt, die in ihr ebenfalls angelegt waren, die aber unter den krisenhaften politischen Bedingungen der 1920er Jahre nicht zum Zuge kamen. Immerhin enthielt die auf einen Kompromiss hin angelegte Weimarer Reichsverfassung von 1919 gute Chancen für einen demokratischen Neubeginn.

Das Verhältniswahlrecht hatte zunächst nicht zu einer Parteienzersplitterung geführt, denn das Wahlergebnis von 1912, das noch nach dem Persönlichkeits- bzw. dem Mehrheitswahlrecht erfolgte, unterschied sich kaum von dem von 1919, die Senkung des Wahlalters und das Frauenwahlrecht haben die früheren Mehrheitsverhältnisse im Parlament ebenfalls nicht verändert. Die verbreitete These, das Verhältniswahlrecht habe zum Untergang der Republik beigetragen, lässt sich angesichts der weitgehenden Kontinuität des Parteiensystems kaum aufrechterhalten. Der dramatische Aufstieg der NSDAP von einer belanglosen Splitterpartei zu einer bei Parlamentswahlen erfolgreichen Massenpartei hätte sich auch durch ein anderes Wahlsystem nicht verhindern lassen.

Die Reichsregierung musste sowohl im Deutschen Kaiserreich wie in der Weimarer Republik zwischen einem starken Staatsoberhaupt und einem Parlament balancieren, dieser Dualismus war auch in der WRV angelegt. In den Nachkriegsjahren erwies sich dieser Dualismus unter dem Reichspräsidenten Ebert als stabilisierendes Element, denn er konnte mit seinen Machtmitteln sowohl einem parlamentarischen Machtmonopol wie den Parteibürokratien politisch entgegenwirken. »Man verankerte also in der Verfassung den institutionellen Zwang zum Konflikt und erhoffte sich daraus Impulse für mehr politische Beweglichkeit und Innovation, ohne zu ahnen, daß es in der nahen Zukunft wahrlich eher zu viele Krisen und politische Instabilität auch des Parteiensystems geben würde.« (Peukert, S. 49)

Nach dem Sturz der großen Koalition im März 1930 verfolgte die neue Reichsregierung unter dem Reichskanzler Heinrich Brüning eine völlig neue politische Linie, die zu den fatalen Septemberwahlen mit dem erdrutschartigen Sieg der NSDAP führte. Damit war das Grundkonzept der Verfassung politisch zerstört, unabhängig von der Frage, ob Brünings bzw. Hindenburgs Handlungsweise (s. o. S. 69 ff.) juristisch als Verfassungsbruch zu werten sei. Der Reichstag war aus dem in der Verfassung vorgesehenen Dualismus der Gewalten zwischen Parlament und Reichspräsident de facto ausgeschaltet worden, da die von der Verfassung vorgesehenen parlamentarischen Interventionsmöglichkeiten gegen präsidiale Vollmachten nach Artikel 48 bewusst und vorsätzlich umgangen worden waren. »Brüning wie auch der Reichspräsident« – so Peukert – »hatten diese politische Wende gewollt, und sie sollte nur den Auftakt zu einem weitergehenden Ausbau der Präsidialherrschaft bilden.«

Zugleich nahm die Reichsregierung billigend in Kauf, dass der Reichstag schon zwei Jahre vor Ablauf seiner Legislaturzeit aufgelöst wurde, obwohl die Landtags- und Kommunalwahlen der letzten Monate einen gefährlichen Stimmenzuwachs der Nationalsozialisten erwarten ließen. »Wenn seitdem dem Anwachsen der radikalen Flügelparteien die Schuld für die Handlungsunfähigkeit des Parlaments gegeben wurde, hieß das, Ursache und Wirkung zu verwechseln. Tatsächlich wurde ein durchaus handlungsfähiges Parlament, das mit klaren demokratischen Mehrheiten bis 1932 hätte bestehen bleiben können, willentlich ausgeschaltet, um die Präsidialherrschaft durchzusetzen.« Die oben zitierte Statistik (S. 70) über die Entwicklung der Parlamentssitzungen spricht in diesem Zusammenhang eine klare Sprache, das Parlament wurde in der Weltwirtschaftskrise systematisch von den Reichskanzlern bzw. dem Reichspräsidenten entmachtet. Dies entsprach weder dem Geist noch dem Wortlaut der Weimarer Reichsverfassung (vgl. Peukert, S. 48 f. und 252 f.).

Auch Heinrich August Winkler betont, dass die Machtverlagerung vom Parlament auf den Reichspräsidenten seit dem Präsidialregime von Heinrich Brüning von der parlamentarischen und außerparlamentarischen Rechten gewollt war. Ihr sei es aber vor allem um die Überwindung des Weimarer Sozialstaats gegangen, also darum, die Errungenschaften der Novemberrevolution rückgängig zu machen und die Sozialdemokratie von der Regierungsmacht fernzuhalten. Brüning nutzte seine Machtstellung Winkler zufolge für Lohn- und Preissenkungen (»Deflationspolitik«), um die Absatzchancen deutscher Güter im Ausland zu steigern. Eine kreditfinanzierte Arbeitsbeschaffung lehnte Brüning kategorisch ab, Priorität habe der ausgeglichene Haushalt. Und schließlich habe Brüning bei der Reparationsfrage dem Ausland die deutsche Zahlungsunfähigkeit vorführen wollen. Deutschland dürfe nicht dem Ausland den Eindruck vermitteln, es verfüge noch über finanzielle Ressourcen für Arbeitsbeschaffungsmaßnahmen. Einen Zahlungsaufschub bei den Reparationszahlungen habe Brüning abgelehnt, denn er habe keine Teillösung des Reparationsproblems gewollt, sondern deren Ende. »Das Ende der Reparationen aber war das Nahziel, das Deutschland erreichen musste, um auch alle anderen Fesseln von Versailles, nicht zuletzt die militärischen, abstreifen und seinen alten Großmachtstatus wiedergewinnen zu können.« (Winkler, *Der lange Weg nach Westen*, München 2002, S. 501.)

In der früheren Forschungsliteratur wurde von marxistisch inspirierten Autoren die Rolle der Unternehmerschaft bei der Beseitigung der Demokratie und der Etablierung des Faschismus in prominenter Weise akzentuiert. Heute besteht weitgehend Konsens, dass weite Kreise der Unternehmer – ähnlich wie Brüning und Hindenburg – ein undemokratisches autoritäres Staatsmodell anstrebten und die sozialpolitischen und demokratischen Errungenschaften der Novemberrevolution rückgängig machen wollten. Ein Teil der Unternehmer trat auch vehement dafür ein, die NSDAP führend an der Regierung zu beteiligen. Die frühere radikal-marxistische These, dass die Krise des Kapitalismus mit historischer Notwendigkeit zum gewalttätigen Faschismus führe, wird heute kaum noch von Historikern vertreten.

4 Ästhetisierung von Gewalt

Neue Aspekte bringen geschlechtergeschichtliche Studien ans Licht, die in den letzten Jahrzehnten eine besondere Konjunktur erlebten. Sie thematisieren hegemoniale männliche Leitbilder und eine damit verbundene »Gewaltkultur« der Weimarer Republik, die wohl schon aus der Kriegserfahrung erwuchs. Das Handlungsmodell »Kampf« und »Gewaltbereitschaft« sei, so Petra Maria Schulz, das Signum für ein »Plus an Männlichkeit. Es symbolisierte zugleich Tatkraft, Entschiedenheit, Durchsetzungsfähigkeit und Herrschaft über Leben und Tod.« Und dieses Leitbild machte keineswegs an den Grenzen der verschiedenen politischen Lager Halt, sondern galt gleichermaßen bei der NSDAP, SA sowie bei Teilen der Arbeiterbewe-

Wahlplakat der KPD, 1932

gung, insbesondere bei der KPD, die ebenso wie die NSDAP die Macht in bestimmten Stadtteilen oder Straßen für sich beanspruchten, mit blutiger Gewalt verteidigten und diese Gewalthandlungen heroisierten. Dieser sehr weit verbreitete und folgenreiche Männlichkeitsentwurf grundierte die nicht selten gewaltförmigen politisch-sozialen Konflikte der Weimarer Republik, er lehnte grundsätzlich demokratische Verhandlungslösungen ab. Vor allem die Wahlkämpfe in der Zeit der Weltwirtschaftskrise waren mit Gewalt und wahren Straßenschlachten verbunden, die daran beteiligten Parteien versuchten aus ihren »Blutopfern« politisches Kapital zu schlagen.

Auch auf zahlreichen Wahlplakaten wurden »Macht und Entschiedenheit« mit Hilfe monumental-heroischer Männerkörper demonstriert, der jeweilige politische Gegner wurde mit der Faust bedroht, geschlagen oder brutal in den Abgrund gestoßen. »Die Eskalation der Gewalt in Sprache und bildlicher Darstellung spricht ebenso wie die Demonstration permanenter Kampfbereitschaft durch formierte Kolonnen für die Gewaltgewöhnung, Gewaltakzeptanz und Gewaltfaszination, die die deutsche Gesellschaft und insbesondere die politische Rechte nach dem verlorenen Krieg von einem Brutalisierungsprozeß durchdrungen hatte.« (Schulz, S. 201.)

Die zahlreichen Opfer der politischen Auseinandersetzung erfuhren durch die radikalen Parteien eine fatale religiöse Überhöhung, die für einen rationalen politischen Diskurs alles andere als förderlich war, vielmehr künftige Gewalthandlungen legitimierte.

III Quellen

1.

Die militärische Situation 1918 und das Ersuchen um Waffenstillstand durch die OHL

Oberst von Thaer, Chef des Stabs beim Generalquartiermeister II im Großen Hauptquartier, berichtet in seinen Tagebuchnotizen, wie Ludendorff am 1. Oktober 1918 vor den versammelten Offizieren der OHL die militärische Niederlage eröffnete.

Furchtbar und entsetzlich! Es ist so! In der Tat! Als wir versammelt waren, trat Ludendorff in unsere Mitte, sein Gesicht von tiefstem Kummer erfüllt, bleich, aber mit hoch erhobenem Haupt. Eine wahrhaft schöne germanische Heldengestalt! Ich mußte an Siegfried denken mit der tödlichen Wunde im Rücken von Hagens Speer.

Er sagte ungefähr folgendes: Er sei verpflichtet, uns zu sagen, daß unsere militärische Lage furchtbar ernst sei. Täglich könne unsere Westfront durchbrochen werden. »Die O.H.L. und das deutsche Heer seien am Ende; der Krieg sei nicht nur nicht mehr zu gewinnen, vielmehr stehe die endgültige Niederlage wohl unvermeidlich bevor. Bulgarien sei abgefallen. Österreich und die Türkei, am Ende ihrer Kräfte, würden wohl bald folgen. Unsere eigene Armee sei leider schon schwer verseucht durch das Gift spartakistisch-sozialistischer Ideen. Auf die Truppen sei *kein* Verlaß mehr. [...]

So sei vorauszusehen, daß dem Feinde schon in nächster Zeit mit Hilfe der kampffreudigen Amerikaner ein *großer* Sieg, ein *Durchbruch in ganz großem Stile* gelingen werde,

Diese Katastrophe *müsse* unbedingt vermieden werden. Aus den angeführten Gründen dürfe man sich nun nicht mehr schlagen lassen. Deshalb habe die O.H.L. von Sr.M. [Seiner

Majestät] und dem Kanzler gefordert, daß *ohne jeden Verzug* der Antrag auf Herbeiführung eines Waffenstillstandes gestellt würde bei dem Präsidenten Wilson von Amerika zwecks Herbeiführung eines Friedens auf der Grundlage seiner 14 Punkte.

[...] *Ich habe* [...] *S. M. gebeten, jetzt auch diejenigen Kreise an die Regierung zu bringen, denen wir es in der Hauptsache zu danken haben*, daß wir so weit gekommen sind. Wir werden also diese Herren jetzt in die Ministerien einziehen sehen. Die sollen nun den Frieden schließen, der jetzt geschlossen werden *muß*. Sie sollen die Suppe essen, die sie uns eingebrockt haben!

D: Ritter/Miller 1968, S. 22 ff.

2.

Marinemeuterei

Ein Marinesoldat berichtet, 31. Oktober 1918:

[...] Also es sind große Dinge passiert bei der Kaiserlichen Marine. Sämtliche Linienschiffe und Panzerkreuzer meutern. [...] Wir waren mit unserer Flottille eine Zeitlang draußen und hatten in der Nordsee aufgeklärt, waren verschiedene Male mit dem Engländer zusammen und merkten auch an sonstigen Anzeichen, daß etwas im Gange war.

Als wir nun vor einigen Tagen einlaufen wollten, sahen wir, daß vor der Wilhelmshavener Einfahrt die ganze deutsche Flotte mit sämtlichen großen Schiffen und Torpedobooten vor Anker lag, und wir mußten uns ebenfalls dorthin legen. Alles war erstaunt, niemand wußte Genaues. Plötzlich hieß es, der Flottenchef will in der deutschen Bucht Flottenmanöver machen. Auf den plumpen Blödsinn fiel natürlich keiner herein.

Man bedenke aber auch diesen Unsinn, jetzt – mitten in der Krisis – ein großes Flottenmanöver abzuhalten.

Der erste »Seeklar«-Befehl war nun auf Mittwochnacht festgesetzt worden, wurde aber dann plötzlich auf Donnerstag verlegt. Wir auf den abseits liegenden Booten wußten nicht, was los war, man hörte wohl etwas munkeln von Meuterei und Aufruhr, aber man glaubte es nicht. Gestern hieß es nun plötzlich: »›B 97‹ und ›B 112‹ (ein anderes Boot von unserer Halbflottille) stehen von 8 Uhr an zur Verfügung. Chef des 1. Geschwaders.« Wir gingen um 8 Uhr längsseits von S.M.S. »Ostfriesland«, worauf sich der Chef des 1. Geschwaders befindet, der dann bei uns an Bord stieg. Wir wußten nun noch immer nicht, was wir von der ganzen Sache halten sollten, bis dann unser Halbflottillenchef die ganze Besatzung im Wohndeck antreten ließ. Dann hat er uns eine Rede gehalten, die ich in meinem Leben nicht wieder vergessen werde. Es wäre etwas Trauriges passiert, auf allen Geschwadern hätte die Besatzung verschiedener Schiffe den Gehorsam verweigert. Als die Flotte auslaufen sollte, hätten die Mannschaften den Feuerlöschapparat angestellt, so daß in allen Kesseln das Feuer ausging. Bei jedem »Seeklar«-Befehl hätten sie dasselbe gemacht und infolgedessen das Auslaufen der Flotte verhindert. Man fragte sie nach dem Grund, worauf sie antworteten, sie würden sonst keinen Befehl verweigern, aber unter keinen Umständen auslaufen. Sie wollten den Verzweiflungskampf der deutschen Flotte nicht mitmachen. An höherer Stelle sagte man sich, ehe wir die Flotte ausliefern, setzen wir alles auf eine Karte. Lieber lassen wir alles kurz und klein schießen, ehe wir dem Engländer unsere schöne Flotte ausliefern. Und wie auch der Kommandant S.M.S. »Thüringen« sagte: »Wir verfeuern unsere letzten 2000 Schuß und wollen mit wehender Flagge untergehen.« Darauf haben sie (die Soldaten) zu ihm gesagt, er solle allein losfahren und nun ging der Krach los. Auf »Thüringen« und »Helgoland«

vom 1. Geschwader war es am schlimmsten. Die Meuterer hatten sich im Vorschiff verbarrikadiert. Auf »Helgoland« hatten sie drei Geschütze besetzt. Die Rede, die unser Halbflottillenchef hielt, kann ich hier nicht ausführlich schreiben, er teilte uns nur mit, daß wir vom Befehlshaber der Torpedoboote dazu bestimmt seien, hier wieder Ordnung zu schaffen, und falls es die »Pflicht« erfordern sollte, müßten wir die Waffen gegen die eigenen Kameraden erheben. Wie uns zumute gewesen ist, kann ich keinem Menschen erzählen.

Wir machten unsere Maschinengewehre, unsere Geschütze und Torpedos klar und fuhren etwa bis auf 200 Meter an die »Thüringen« heran. Inzwischen war aus Wilhelmshaven ein Dampfer mit 250 Marineinfanteristen eingetroffen, die die Aufrührer wegtransportieren sollten. Falls sich nun dieselben weigern sollten, den Dampfer zu betreten, sollte »B 97« dazwischenschießen.

Lieber Papa, wenn Du wüßtest, wie es mir zumute gewesen ist, als wir die Kanonen auf unsere Kameraden gerichtet hatten, welche ohnmächtige Wut ich hatte. Was sollten wir auch machen, es kam ja alles so plötzlich, keine Verständigung mit anderen Booten, keiner, der uns den Rücken deckte. Aber wir hofften ja immer noch, daß die Sache gut ablaufen könnte. Endlich nach einer Stunde gaben die Aufständischen ihre Sache auf und zeigten durch die Bullaugen die Rote-Kreuz-Flagge. Sie ließen sich dann, ungefähr 600 Mann, ruhig an Bord des Dampfers bringen. Uns fiel ein Stein vom Herzen, es hing an Haaresbreite, und wenn wir auch niemals auf unsere Kameraden geschossen hätten, auf uns waren von der »Helgoland« drei 15-Zentimeter-Geschütze gerichtet und wenn nur ein Schuß von uns gefallen wäre, von »B 97« wäre kein Holzsplitter mehr übriggeblieben.

Ich werde den 31. Oktober in meinem Leben nie vergessen, es war tausendmal schrecklicher wie bei Oesel oder im Kanal.

Auf der »Helgoland« und den andern Schiffen hatte sich der Tumult inzwischen etwas gelegt. Den Zweck haben sie ja erreicht, die Flotte wird in der nächsten Zeit nicht auslaufen, und wenn wir jedenfalls auch darunter leiden müssen, aber unsere Zeit kommt bald oder der Friede muß bald kommen. Sonst machen wir ihn uns selber. Die Marine macht nicht mehr mit – wenn nur die Armee und das Volk bald folgt. […]

D: Ritter/Miller [2]1975, S. 41 ff.

3.

Sozialisationsbedingungen und Generationserfahrungen von Jugendlichen

a) Jugendliches Bedürfnis nach Heldenverehrung?

Richtlinien für die Lehrpläne der höheren Schulen Preußens, verlaßt von Hans Richert, Ministerialrat im Preußischen Ministerium für Wissenschaft, Kunst und Volksbildung, 1924.

Deutsch

Im deutschen Unterricht sollen die Schüler lernen, deutsch zu reden und zu schreiben, deutsch zu fühlen, zu denken und zu wollen. Sie sollen geführt werden zu sicherer Beherrschung ihrer Muttersprache und zu lebendiger Erfassung der Bildungswerke, die aus der Sprache selbst, aus Literatur und Kunst und aus den Kräften des lebendigen Volkstums entspringen. Voraussetzung für das Erlebnis geistiger Werte ist ernste geistige Arbeit. Der deutsche Unterricht muß daher ebenso vom Geiste der Wissenschaftlichkeit getragen sein, wie er sein überwissenschaftliches Ziel, die Erziehung zu vergeistigtem, willensstarkem und freudigem Deutschtum nicht aus den Augen verlieren darf […]

Geschichte und Staatsbürgerkunde

[...] Der Geschichtsunterricht soll in weitgehender Arbeitsteilung mit anderen Fächern, vornehmlich mit den anderen Kernfächern, dazu beitragen, den jungen Menschen wurzelfest im Heimatboden, im deutschen Volkstum und im Staat zu machen.

[...]

Vornehmlich handelt der Geschichtsunterricht von der Geschichte, der Eigenart und Bedeutung des deutschen Volkes. Seine staatlichen Ordnungen, seine sozialen und wirtschaftlichen Einrichtungen, der ganze Reichtum seiner Kultur müssen dem Schüler innerlich so nahe gebracht werden, daß der sittliche Wille zu ihrer Erhaltung und zu ihrem Ausbau geweckt und durch geschichtliche Einsicht geläutert wird. Die Zusammenhänge der deutschen Geschichte mit der Weltgeschichte müssen aufgedeckt werden.

Starke Persönlichkeiten als geistige Führer, Staatsmänner, Erfinder, Entdecker, Glaubenshelden, soziale Kämpfer sind wegen ihres besonderen erzieherischen Einflusses als Vorbilder opferbereiter Hingabe lebendig zu machen.

[...] Dem Bedürfnis der Jugend nach Heldenverehrung ist durch die Darstellung heldenhaften Personen- und Volkslebens Rechnung zu tragen.

[...] Das Ziel der staatsbürgerlichen Erziehung ist, lebendige Staatsgesinnung, Vaterlandsliebe und Gemeinsinn zu schaffen und zu stärken und auf Grund eines klaren Verständnisses der Bedingungen, der Eigenart und der Verfassung unseres Staates zu eigenem Verantwortungsgefühl und zum Pflichtbewußtsein seinen Ordnungen gegenüber zu erziehen. Voraussetzung für Erfüllung dieser Aufgaben ist, daß das gesamte Leben der Schule von staatsbürgerlichem Geiste durchdrungen ist und jede Parteipolitik dem Schulleben ferngehalten wird. Die staatsbürgerliche Erziehung muß den Rechtssinn des jungen Menschen entfalten und pflegen und eine klare Vorstellung von dem Aufbau und der Eigenart unserer Rechts- und Gesellschaftsordnung vermitteln.

Die Behandlung des Staates muß zu der Einsicht führen, daß die Interessen des einzelnen und der Gruppe unlösbar mit dem Ganzen verbunden sind, daß der Staat mehr ist als Familie und Beruf, mehr als ein Interessen- und Zweckverband, daß aber die höchste Vollendung und wertvollste Frucht eines tüchtigen Volkes die Humanität ist.

[...]

In den Mädchenschulen ist bei der Auswahl des staatsbürgerlichen Stoffes auf Natur und Denkweise der weiblichen Jugend und auf die besonderen Aufgaben der Frau in Familie, Beruf und Gemeinschaftsleben Rücksicht zu nehmen.

D: Richtlinien für die Lehrpläne der höheren Schulen Preußens. Bd. 1. Berlin [8]1931 [zuerst 1924]. S. 134, 164 f., 167, 171 ff.

b) Staatsbürgerkunde am Gymnasium – nicht für den republikanischen Staat, nach 1933

Johannes Pringsheim, Sohn der sozialdemokratischen Landtagsabgeordneten Lily Pringsheim, besuchte in den 1920er Jahren ein Gymnasium in Darmstadt. Seine Erinnerungen schrieb er nach 1933 in der Emigration.

Das humanistische Ludwig-Georgs-Gymnasium zu Darmstadt – benannt natürlich nach irgendeinem verblichenen »Landesvater« – war eine Stätte der Reaktion. Vier Jahre grauenhaften Weltkrieges, Zusammenbruch des bewunderten Kaiserreiches, Entsetzung des Großherzogs und seiner feudalen Regierung, Ausrufung der Republik, Einsetzung einer freiheitlichen Volksregierung, Wahl eines fortschrittlichen Staatspräsidenten und

Kultusministers: Alles dies war anscheinend spurlos an dieser ehrwürdigen Anstalt vorübergegangen. Und als man im Jahre 1929 ihr dreihundertjähriges Bestehen beging, hätte man wohl Mühe gehabt, in dieser Zeit eingetretene Veränderungen festzustellen, es sei denn, daß sich die Schule hinter diese dreihundert Jahre zurückentwickelt hätte. Die verstaubten Räume mit den dicken Wänden, die teilweise aus Resten ehemaliger Stadtschutzmauern bestanden, der Hof mit der ehrwürdigen Dilthey-kastanie [...], das Glöckchen, das zu Schulbeginn und -schluß vom Pedell geschwungen wurde, die alten, abgetretenen breiten Holztreppen, die in die oberen Stockwerke führten, der Direktor, der, in einen altmodischen grauen »Schwenker« mit fliegenden Rockschößen gekleidet, während seinen Hals einer jener Gummikragen zierte, welche man mit dem Radiergummi reinigen kann, auf einer Erhöhung im Schulhof erschien und die Schüler mittels einer Pfeife herbeirief; welche an der dicken eisernen Kette in der Westentasche zu ruhen pflegte: Wer hätte solcherlei Erscheinungen im 20. Jh. zu finden geglaubt? [...]

Eine der markantesten Erscheinungen des Ludwig-Georgs-Gymnasiums war August Hohenstein, Latein- und Deutschprofessor, der aber auch Geschichte, Staatsbürgerkunde, Geographie unterrichtete. Wegen seiner Gewohnheit, harte Laute weich, weiche Laute aber hart auszusprechen (freilich nur, wenn er in Rage war) hieß er bei uns der »Aukust«. [...] Der Aukust lehrte wortwörtlich aus dem Geschichtsbuch. Aber beim Vortrag las er nicht ab, sondern er hatte vorher seine Lektion auswendig gelernt, sprach sie uns vor, und wir mußten sie wörtlich nachsprechen. Das war der Geschichtsunterricht in der Unterprima! [...]

Eine der wenigen Errungenschaften, die immerhin doch die Schule der Nachkriegszeit aufzuweisen hatte, war der Unterricht in Staatsbürgerkunde. Wie er gelehrt wurde – das war freilich ein Kapitel für sich. Wie aus der ganzen Anstalt, so roch man auch aus diesem Unterricht den verstaubten Geist heraus, den man im 19. Jh. »national-liberal« genannt hatte. Politisch hatte er seinen Wurmfortsatz in der Deutschen Volkspartei, die in Hessen besonders reaktionär war. Die meisten Lehrer gehörten ihr entweder an oder sympathisierten mit ihr. Direktor Lauteschläger war sogar Funktionär der Partei, was ihn durchaus nicht hinderte, nach Machtergreifung durch die Nationalsozialisten als erster Schulleiter in Darmstadt an der Anstalt die Hakenkreuzfahne hissen zu lassen. [...]. Die neuen Einrichtungen wurden [nach 1918] erst versteckt, bald offen lächerlich gemacht, mißachtet, auf die Regierung schimpfte man öffentlich vor allen Schülern. Die Prügelstrafe war abgeschafft, aber fast jeder der Herren trug den Rohrstock mit sich herum oder hatte ihn wenigstens irgendwo bereit stehen. Denn womit sonst hätte man sich Respekt verschaffen sollen? [...]

Staatsbürgerkunde wurde vom Aukust etwa so unterrichtet: Zunächst wurde korrekt der Buchtext wörtlich vorgesprochen, dann die wichtigsten Partien eindringlich »wiederholt«. »Untt ich betone nochmals, die Teutsche Volksbartei steht zwar einerseits krundsätzlich – ich betone krundsätzlich – auf dem Standpunkt der Monarchie, lehnt es aber andererseits krundsätzlich turchaus nicht ab, auf dem Poden der Republik mitzuarbeiten, ohne aber krundsätzlich – ich betone krundsätzlich – ihre monarchische Überzeugung auch nur im mindesten – ich betone im mindesten – aus dem Auke zu lassen. Wiederholen Sie diese Phrase, Weimer.« -»Untt ich betone nochmals, der teutsche Keist beherrscht tie Welt in erster untt – scharrrf achtkekeben untt hierherkesehen – wohl auch in letzter Linie. Wiederholen Sie diese Phrase, Kaiser!«

D: Aus: Klein, Ulrike / Kosmala, Beate [u. a.] (Hrsg.): Jüdische Schüler am Ludwigs-Georgs-Gymnasium in den zwanziger und dreißiger Jahren. Darmstadt: Verlag des Historischen Vereins für Hessen, 1992. S. 16 ff. –

4.
Wie reagieren die Unternehmer auf den revolutionären Umbruch?

Abkommen der Arbeitergeber- und Arbeitnehmerverbände vom 15. November 1918 (sog. Stinnes-Legien-Abkommen).

1. Die Gewerkschaften werden als berufene Vertreter der Arbeiterschaft anerkannt.

2. Eine Beschränkung der Koalitionsfreiheit der Arbeiter und Arbeiterinnen ist unzulässig.

3. Die Arbeitgeber und Arbeitgeberverbände werden die Werkvereine (die sogen. Wirtschaftsfriedlichen Vereine) fortab vollkommen sich selbst überlassen und sie weder mittelbar noch unmittelbar unterstützen.

4. Sämtliche aus dem Heeresdienst zurückkehrenden Arbeitnehmer haben Anspruch darauf, in die Arbeitsstelle sofort nach Meldung wieder einzutreten, die sie vor dem Kriege innehatten. Die beteiligten Arbeitgeber- und Arbeitnehmerverbände werden dahin wirken, daß durch Beschaffung von Rohstoffen und Arbeitsaufträgen diese Verpflichtung in vollem Umfange durchgeführt werden kann.

[...]

6. Die Arbeitsbedingungen für alle Arbeiter und Arbeiterinnen sind entsprechend den Verhältnissen des betreffenden Gewerbes durch Kollektivvereinbarungen mit den Berufsvereinigungen der Arbeitnehmer festzusetzen. Die Verhandlungen hierüber sind ohne Verzug aufzunehmen und schleunigst zum Abschluß zu bringen.

7. Für jeden Betrieb mit einer Arbeiterschaft von mindestens 50 Beschäftigten ist ein Arbeiterausschuß einzusetzen, der diese zu vertreten und in Gemeinschaft mit dem Betriebsunternehmer darüber zu wachen hat, daß die Verhältnisse des

Betriebes nach Maßgabe der Kollektivvereinbarung geregelt werden.

8. In den Kollektivvereinbarungen sind Schlichtungsausschüsse resp. Einigungsämter vorzusehen, bestehend aus der gleichen Anzahl von Arbeitnehmer- und Arbeitgebervertretern.

9. Das Höchstmaß der täglichen regelmäßigen Arbeitszeit wird für alle Betriebe auf 8 Stunden festgesetzt. Verdienstschmälerungen aus Anlaß dieser Verkürzung der Arbeitszeit dürfen nicht stattfinden.

[...]

D: Hürten, S. 40 f.

5.

Viel oder wenig Macht für das Parlament?

Aus der dritten Lesung der Verfassung (Juli 1919):

Heinze (DVP): [...] Meine Herren! Der Geist, der diese *Verfassung* beherrscht, ist ein demokratischer Geist. Aber mehr als ein demokratischer Geist, (Sehr richtig! bei der Deutschen Volkspartei) es ist der *Geist einer extremen Demokratie,* (Sehr richtig! bei der Deutschen Volkspartei) und den lehnen wir ab. Aus dem Geiste dieser extremen Demokratie folgt das Bestreben, alles gleich zu machen, folgt ein weitgehendes Mißtrauen gegen die eigens von der Demokratie selbst eingesetzten Gewalten, folgt das übertriebene Bestreben nach Popularität und folgt schließlich ein mangelnder Sinn für die Staatsnotwendigkeiten. (Sehr richtig! bei der Deutschen Volkspartei.)

[...] Uns wird vorgeworfen, wir hingen zu sehr an der Vergangenheit. Meine Herren! Wir hängen allerdings an der Vergangenheit, und zwar an der Vergangenheit von 1870/71. (Bravo! bei der Deutschen Volkspartei.)

Aber der vorliegende Entwurf hängt auch an der Vergangenheit; er hängt an der *Vergangenheit von 1849*, (Sehr richtig! bei der Deutschen Volkspartei) also einer weit zurückliegenden Vergangenheit. Und wenn man uns fragt, welcher Geist muß denn jetzt [...] unsere Verfassung und unser Staatsleben beherrschen, so habe ich keinen Zweifel: der Geist von 1870/71, das heißt der Geist der Tat, und nicht der Geist von 1848/49, das heißt der Geist der Ideologie und des Theoretisierens. (Sehr gut! bei der Deutschen Volkspartei.)

Die Verfassung knüpft denn auch bewußt an die Tradition von 1848/49 an. (Zuruf von den Deutschen Demokraten: Gott sei Dank!) Es zeigt sich das überall. (Zuruf von den Deutschen Demokraten: Im Wesen der Demokratie!)

Es zeigt sich im ganzen Geiste. Es zeigt sich in der Wahl der Reichsfarben. Es zeigt sich das bis in die Kleinigkeiten der Artikel hinein: bei dem Artikel über die Ministeranklage. Es zeigt sich in der Beseitigung von Titeln, Orden und Adel, als ob es gar keine richtige Revolution wäre, wenn man nicht wie 1848 Titel, Orden und Adel bekämpfte. Gerade in diesen Dingen, in der Beseitigung des Adels beispielsweise, da zeigt sich der mangelnde Sinn des Revolutionsgeistes für das Organische. [...]

Im Mittelpunkt der neuen Verfassung wird das Parlament stehen. Auch hier ist man extrem. Man schafft einen extremen *Parlamentarismus,* wie er meiner Fraktion und mir zu weit geht. (Sehr richtig! bei der Deutschen Volkspartei.)

Gegen diesen extremen Parlamentarismus fehlen die nötigen Gegengewichte, und das ist der schwerste Vorwurf, der der Verfassung zu machen ist.

[...] Das Parlament versammelt, vertagt, schließt sich aus

eigenem Gutdünken. Die Regierung, die den Staat leitet, ist völlig abhängig vom Parlament. Die Minister müssen das Vertrauen des Parlaments haben und jederzeit zurücktreten, wenn das Parlament es fordert. Aber mehr wie das: das Parlament greift damit in die Staatsverwaltung ein. (Sehr richtig! rechts.)

Ich weise auf den auswärtigen Ausschuß hin, der die auswärtige Politik der Regierung, eine Politik, die ganz besonders selbständig und zielsicher geführt werden muß, dauernd kontrolliert. [...]

Derartige hemmungslose Bestimmungen werden in der Praxis bedenkliche Folgen zeitigen und diese bedenklichen Folgen haben sich schon gezeigt. Sie führen von der Parlamentsherrschaft, die an und für sich wohl noch erträglich wäre, zur *Parteiherrschaft*. [...]

Meine Herren, der *Präsident* wird zwar vom Volke gewählt, aber er ist doch letzten Endes nur Dekoration. Er hängt ab vom Parlament. Ja, ich habe schon neulich darauf hingewiesen: wie die Dinge sich entwickelt haben, hängt er in der Ministerwahl direkt von den Parteien ab, da die Minister ja von den Parteien präsentiert werden. Ob der Präsident sich in Zukunft diesem Zwange entziehen wird, lasse ich dahingestellt sein. Die Verfassung deutet mehr darauf hin, daß dieser Zwang weiter bestehen wird. Der Präsident wird, wie gesagt, vom Volke gewählt, ist aber in seinen Amtshandlungen durchaus abhängig von den Parteien. [...]

D: Verhandlungen der verfassungsgebenden Nationalversammlung. Stenographische Berichte. Berlin 1919. S. 2093 ff.

6.

Der Vertrag von Versailles vom 28. Juni 1919

Artikel 159. Die deutschen Streitkräfte werden gemäß nachstehenden Bedingungen demobilgemacht und herabgesetzt.

Artikel 160. 1. Spätestens am 31. März 1920 darf das deutsche Heer nicht mehr als sieben Infanterie- und drei Kavallerie-Divisionen umfassen.

Von diesem Zeitpunkt ab darf die gesamte Iststärke des Heeres der sämtlichen deutschen Einzelstaaten nicht mehr als einhunderttausend Mann, einschließlich der Offiziere und der Depots, betragen. Das Heer ist nur für die Erhaltung der Ordnung innerhalb des deutschen Gebiets und zur Grenzpolizei bestimmt.

Die Gesamtstärke an Offizieren, einschließlich der Stäbe, ohne Rücksicht auf deren Zusammensetzung, darf die Zahl viertausend nicht übersteigen. [...]

Artikel 173. Die allgemeine Wehrpflicht wird in Deutschland abgeschafft.

Das deutsche Heer darf nur im Wege freiwilliger Verpflichtung aufgestellt und ergänzt werden.

Artikel 174. Unteroffiziere und Gemeine verpflichten sich für eine ununterbrochene Dauer von zwölf Jahren. [...]

Artikel 175. Die Offiziere, die in der Armee bleiben, müssen sich verpflichten, wenigstens bis zum Alter von fünfundvierzig Jahren zu dienen.

Die Offiziere, die neu ernannt werden, müssen sich verpflichten, wenigstens fünfundzwanzig Jahre hintereinander wirklich Dienst zu tun.

Die Offiziere, die früher irgendwelchen Heeresformationen angehört haben und die nicht in den Einheiten untergebracht werden können, deren Bestehenbleiben zugelassen ist, dürfen an keiner theoretischen oder praktischen militärischen Übung teilnehmen und sind keinerlei militärischer Dienstpflicht unterworfen. [...]

Artikel 177. Unterrichtsanstalten, Hochschulen, Kriegervereine, Schützengilden, Sport- oder Wandervereine, überhaupt Vereinigungen jeder Art, ohne Rücksicht auf das Alter ihrer Mitglieder, dürfen sich nicht mit militärischen Dingen befassen. [...]

Artikel 178. Alle Mobilmachungsmaßnahmen oder solche, die auf eine Mobilmachung hinzielen, sind untersagt.

In keinem Falle dürfen bei Truppenteilen, Behörden oder Stäben Stämme für Ergänzungsformationen vorhanden sein. [...]

Artikel 181. Nach Ablauf einer Frist von zwei Monaten nach Inkrafttreten des gegenwärtigen Vertrags dürfen die deutschen Seestreitkräfte im Dienst höchstens betragen:

6 Schlachtschiffe der »Deutschland«- oder »Lothringen«-Klasse,
6 kleine Kreuzer,
12 Zerstörer,
12 Torpedoboote
oder
eine gleiche Zahl von Ersatzschiffen der im Artikel 190 vorgesehenen Bauart.

Es darf kein Unterwasserfahrzeug darunter sein.

Alle anderen Kriegsschiffe müssen, soweit nicht der gegenwärtige Vertrag ein anderes bestimmt, in Reserve gestellt oder Handelszwecken dienstbar gemacht werden. [...]

Artikel 183. Nach Ablauf einer Frist von zwei Monaten nach Inkrafttreten des gegenwärtigen Vertrags darf die gesamte Kopfstärke der deutschen Kriegsmarine, Offiziere und Personal aller Grade und Gattungen eingeschlossen, 15 000 Mann nicht übersteigen. In dieser Zahl ist die Besatzung der Flotte und die Mannschaft im Küstenverteidigungs-, Küstensignal-, Verwaltungs- und Landdienst inbegriffen.

Die gesamte Kopfstärke an Offizieren und Deckoffizieren darf die Zahl 1500 nicht übersteigen. [...]

Artikel 190. Es ist Deutschland untersagt, irgendwelche Kriegsschiffe zu bauen oder zu erwerben, es sei denn zum Ersatz der durch den gegenwärtigen Vertrag (Artikel 181) vorgesehenen in Dienst gestellten Einheiten: [...]

Artikel 198. Deutschland darf Luftstreitkräfte weder zu Lande noch zu Wasser als Teil seines Heerwesens unterhalten. [...]

Kein Lenkluftschiff darf beibehalten werden. [...]

Teil VII. Strafbestimmungen

Artikel 227. Die alliierten und assoziierten Mächte stellen Wilhelm II. von Hohenzollern, vormaligen Kaiser von Deutschland, wegen schwerster Verletzung des internationalen Sittengesetzes und der Heiligkeit der Verträge unter öffentliche Anklage.

Ein besonderer Gerichtshof wird eingesetzt, um über den Angeklagten unter Wahrung der wesentlichen Bürgschaften des Rechts auf Verteidigung zu Gericht zu sitzen. [...].

Artikel 231. Die alliierten und assoziierten Regierungen erklären, und Deutschland erkennt an, daß Deutschland und seine Verbündeten als Urheber für alle Verluste und Schäden verantwortlich sind, die die alliierten und assoziierten Regierungen und ihre Staatsangehörigen infolge des ihnen durch den Angriff Deutschlands und seiner Verbündeten aufgezwungenen Krieges erlitten haben. [...]

Artikel 428. Um die Ausführung des gegenwärtigen Vertrags durch Deutschland sicherzustellen, bleiben die deutschen Gebiete westlich des Rheins einschließlich der Brückenköpfe während eines Zeitraums von fünfzehn Jahren nach Inkrafttreten des gegenwärtigen Vertrags durch die Truppen der alliierten und assoziierten Mächte besetzt.

[…]

RGBl. 1919 S. 688. – Nach: Hürten, S. 55–59.

7.

»Ein Mittel der Abwendung gibt es nicht …«

Aus der Debatte der Nationalversammlung über den Friedensvertragsentwurf (22. Juni 1919):

Bauer, Präsident des Reichsministeriums (SPD): […] Wie immer jeder einzelne von uns zur Frage der Annahme und Ablehnung steht: In einem sind wir alle einig: in der schärfsten *Beurteilung des uns vorgelegten Friedensvertrages,* (Sehr richtig!) zu dem wir unter einem unerhörten Zwang unsere Unterschrift geben sollen! Als wir zum ersten Male diesen Entwurf lasen, brach aus dem ganzen Volk wie aus einem Munde der Protest der Empörung und Ablehnung. Wir hofften, allen Enttäuschungen zum Trotz, auf die Empörung der ganzen Welt, soweit sie nicht in den Fesseln des Imperialismus liegt. […]

Denn die Ablehnung wäre keine Abwendung des Vertrages. (Sehr richtig! bei den Sozialdemokraten.) Ein Nein wäre nur eine kurze Hinausschiebung des Ja! (Sehr richtig! bei den Sozialdemokraten.) Unsere Widerstandskraft ist gebrochen; ein Mittel der Abwendung gibt es nicht. Wohl aber bietet der Vertrag selbst eine Handhabe, die wir uns nicht entreißen lassen können. Ich denke hier an die feierliche Zusage der Entente in ihrem Memorandum vom 16. Juni 1919, wonach eine *Revision des heute vorliegenden Vertrages* von Zeit zu Zeit eintreten und diesen neuen Ereignissen und neu eintretenden

Verhältnissen angepaßt werden kann. Das ist eines der wenigen Worte in diesem Friedensvertrag, das wirklichen Friedensgeist atmet.

Im Namen der Reichsregierung, meine Damen und Herren, habe ich daher zu erklären, daß sie in Würdigung aller dieser Umstände und vorbehaltlich der Ratifikation durch die Nationalversammlung sich entschlossen hat, den uns vorgelegten *Friedensvertrag unterzeichnen* zu lassen! Sie wird diese Vollmacht erteilen, indem sie den Gegnern unumwunden erklärt, kein Volk [...] könne dem deutschen Volke zumuten, einem Friedensinstrument aus innerer Überzeugung beizustimmen, durch das lebendige Glieder vom Körper des Deutschen Reiches ohne Befragung der in Betracht kommenden Bevölkerung abgetrennt, die deutsche Staatshoheit dauernd verletzt und dem deutschen Volke unerträgliche wirtschaftliche und finanzielle Lasten auferlegt werden sollen. (Sehr richtig!) Wenn sie dennoch *unter Vorbehalt* unterzeichnet, so betont sie, daß sie der Gewalt weicht, in dem Entschluß, dem unsagbar leidenden deutschen Volk einen neuen Krieg, die Zerreißung seiner nationalen Einheit durch weitere Besetzung deutschen Gebietes, entsetzliche Hungersnot für Frauen und Kinder und unbarmherzige längere Zurückhaltung der *Kriegsgefangenen* zu ersparen. [...]

Die Regierung der deutschen Republik verpflichtet sich, die Deutschland auferlegten Friedensbedingungen zu erfüllen. Sie will sich jedoch in diesem feierlichen Augenblick mit rückhaltloser Klarheit äußern, um jedem Vorwurf einer Unwahrhaftigkeit, der Deutschland jetzt oder später gemacht werden könnte, von vornherein entgegenzutreten. Die auferlegten Bedingungen übersteigen das Maß dessen, was Deutschland tatsächlich leisten kann. (Sehr richtig! rechts.) Wir fühlen uns daher zu der Erklärung verpflichtet, daß wir alle Vorbehalte machen und jede Verantwortung ablehnen gegenüber den Folgen, die über

Deutschland verhängt werden könnten, wenn die Undurchführbarkeit der Bedingungen auch bei schärfster Anspannung des deutschen Leistungsvermögens in Erscheinung treten muß.

Wir legen weiterhin den größten Nachdruck auf die Erklärung, daß wir den Artikel 231 des Friedensvertrages, der von *Deutschland* fordert, sich als *alleinigen Urheber des Krieges* zu bekennen, nicht annehmen können und durch die Unterschrift nicht decken. (Beifall.)

D: Michalka/Niedhart, S. 125 f.

8.

Die Dolchstoßlegende

Generalfeldmarschall Hindenburg erklärt am 18. November 1919 vor einem öffentlichen Untersuchungsausschuss, der die Ursachen für die Kriegsniederlage ergründen will:

[…] trotz der ungeheuren Ansprüche an Truppen und Führung, trotz der zahlenmäßigen Überlegenheit des Feindes konnten wir den ungleichen Kampf zu einem günstigen Ende führen, wenn die geschlossene und einheitliche Zusammenwirkung von Heer und Heimat eingetreten wäre. […]

Doch was geschah nun? Während sich beim Feinde trotz seiner Überlegenheit an lebendem und totem Material alle Parteien, alle Schichten der Bevölkerung in dem Willen zum Siege immer fester zusammenschlossen, und zwar um so mehr, je schwieriger ihre Lage wurde, machten sich bei uns, wo dieser Zusammenschluß bei unserer Unterlegenheit viel notwendiger war, Parteiinteressen breit, und diese Umstände führten sehr bald zu einer Spaltung und Lockerung des Siegeswillens.

Die Geschichte wird über das, was ich hier nicht weiter ausführen darf, das endgültige Urteil sprechen. Damals hofften wir noch, daß der Wille zum Siege alles andere beherrschen würde. Als wir unser Amt übernahmen, stellten wir bei der Reichsleitung eine Reihe von Anträgen, die den Zweck hatten, alle nationalen Kräfte zur schnellen und günstigen Kriegsentscheidung zusammenzufassen [...]. Was aber schließlich, zum Teil wieder durch Einwirkung der Parteien, aus unseren Anträgen geworden ist, ist bekannt. Ich wollte kraftvolle und freudige Mitarbeit und bekam Versagen und Schwäche. Die Sorge, ob die Heimat fest genug bliebe, bis der Krieg gewonnen sei, hat uns von diesem Augenblicke an nie mehr verlassen. Wir erhoben noch oft unsere warnende Stimme bei der Reichsregierung. In dieser Zeit setzte die heimliche planmäßige Zersetzung von Flotte und Heer als Fortsetzung ähnlicher Erscheinungen im Frieden ein. Die Wirkungen dieser Bestrebungen waren der Obersten Heeresleitung während des letzten Kriegsjahres nicht verborgen geblieben. Die braven Truppen, die sich von der revolutionären Zermürbung freihielten, hatten unter dem pflichtwidrigen Verhalten der revolutionären Kameraden schwer zu leiden; sie mußten die ganze Last des Kampfes tragen. Die Absichten der Führung konnten nicht mehr zur Ausführung gebracht werden. Unsere wiederholten Anträge auf strenge Zucht und strenge Gesetzgebung wurden nicht erfüllt. So mußten unsere Operationen mißlingen, es mußte der Zusammenbruch kommen; die Revolution bildete nur den Schlußstein. Ein englischer General sagte mit Recht: »Die deutsche Armee ist von hinten erdolcht worden.« Den guten Kern des Heeres trifft keine Schuld. Seine Leistung ist ebenso bewunderungswürdig wie die des Offizierkorps. Wo die Schuld liegt, ist klar erwiesen. [...]

D: Michaelis/Schraepler, Bd. 4, S. 7 f.

9.
Eine Bilanz der Revolution von 1918

Kurt Tucholsky: Revolutions-Rückblick

Ich schau zurück. Die Pressegenerale
ergriff vor einem Jahr der große Schreck.
Die O H L verstummt mit einem Male.
Vorbei. Die Phrase lag im Dreck.
Vorbei die Pläne und die dicken Thesen,
vorbei die plumpen Renommisterein –
  Behüt dich Gott, es wär zu schön gewesen,
  behüt dich Gott, es hat nicht sollen sein!

Soldaten vor! Der Kaiser hat verzichtet.
Nun wolltet ihr alleine weiter sehn.
Das ist im Leben häßlich eingerichtet,
daß bei den Eberts gleich die Noskes[1] stehn.
Kaum ist das Land von einer Pest genesen,
fällt es mit Grazie in die nächste rein –
  Behüt dich Gott, es wär zu schön gewesen,
  behüt dich Gott, es hat nicht sollen sein!

Wir dachten schon: Jetzt gilts den Offizieren!
Wir dachten schon: Hier wird nun Ernst gemacht.
Wir dachten schon: Man wird sich nicht genieren,
das Feuer brennt einmal ... es ist entfacht ...
Wir dachten schon: Nun kommt der Eisenbesen ...
Doch weicht der Deutsche sich die Hosen ein –

1 Gustav Noske (SPD) wird bisweilen als »Bluthund« bezeichnet. Er schlug im Auftrag der Regierung mit Hilfe von Freikorps Aufstände von linksradikalen Arbeitern blutig nieder.

Behüt dich Gott, es wär zu schön gewesen,
behüt dich Gott, es hat nicht sollen sein!

Kommt diesem Lande niemals denn ein Retter?
Die graue Regenluft weht naß und fahl.
Zum Abschiednehmen just das rechte Wetter:
Fahr wohl, fahr wohl, November-Ideal!
Denn erstens kostest du zu hohe Spesen,
und zweitens singt ihr noch die Wacht am Rhein[2] –
Tatü-tata – es wär zu schön gewesen,
behüt dich Gott, es hat nicht sollen sein!

D: Tucholsky, S. 195 f.

10.

Rapallo- und Revisionspolitik

General Seeckt, seit Juni 1920 Chef der Heeresleitung, über neue außenpolitische Handlungsoptionen:

[...] Deutschland muß aktive Politik treiben. Das muß jeder Staat. In dem Augenblick, in dem er auf aktive Politik verzichtet, hört er auf, ein Staat zu sein. Zu einer aktiven Politik gehört ein Ziel und ein Wille. Für die Durchführung ist richtige Abschätzung der eigenen Kraft erforderlich und daneben Einsicht in die Wege und Ziele der anderen Mächte.

Wer als Grundlage seiner politischen Gedankengänge die eigene Ohnmacht nimmt, wer nur Gefahren sieht, wer nur stillhalten will, treibt keine Politik und sollte von dem Schauplatz des Handelns weit ferngehalten werden. [...]

2 Nationalistisches Lied aus dem 19. Jahrhundert.

Die Stellung zu diesem Vertrag scheidet die Geister bei der Beurteilung des russischen Problems. Es kommt bei ihm nicht in erster Linie auf die wirtschaftliche Bewertung an, obwohl sie durchaus nicht gering einzuschätzen ist, sondern auf den politischen Erfolg. Eine Verbindung Deutschlands mit Rußland ist der erste und bisher fast einzige Machtzuwachs, den wir seit dem Friedensschluß erreichten. Daß der Anfang dieser Verbindung auf wirtschaftlichem Gebiet liegt, ist nach der Gesamtlage naturgemäß; die Stärke liegt aber darin, daß diese wirtschaftliche Annäherung die Möglichkeit politischer und somit auch militärischer Verbindung vorbereitet. Daß in solcher doppelten Verbindung ein Machtzuwachs für Deutschland – und auch für Rußland – liegt, kann nicht bezweifelt werden. [...]

Mit Polen kommen wir nun zum Kern des Ostproblems. Polens Existenz ist unerträglich, unvereinbar mit den Lebensbedingungen Deutschlands. Es muß verschwinden und wird verschwinden durch eigene, innere Schwäche und durch Rußland – mit unserer Hilfe. Polen ist für Rußland noch unerträglicher als für uns; kein Rußland findet sich mit Polen ab. Mit Polen fällt eine der stärksten Säulen des Versailler Friedens, die Vormachtstellung Frankreichs. Dieses Ziel zu erreichen, muß einer der festesten Richtungspunkte der deutschen Politik sein, weil er ein erreichbarer ist. Erreichbar nur durch Rußland oder mit seiner Hilfe.

Polen kann niemals Deutschland irgendwelchen Vorteil bieten, nicht wirtschaftlich, denn es ist entwicklungsunfähig, nicht politisch, denn es ist Vasall Frankreichs. Die Wiederherstellung der Grenze zwischen Rußland und Deutschland ist die Voraussetzung beiderseitiger Erstarkung. Rußland und Deutschland in den Grenzen von 1914 sollte die Grundlage einer Verständigung zwischen beiden sein. [...]

Was ist also unser Ziel? Was wollen wir von, in und mit Rußland? Worin besteht die gefürchtete Ostorientierung?

Wir wollen zweierlei: erstens eine Stärkung Rußlands auf wirtschaftlichem und auf politischem, also militärischem Gebiet und damit indirekt die eigene Stärkung, indem wir einen zukünftigen möglichen Bundesgenossen stärken; wir wollen ferner, zunächst vorsichtig und versuchend, die unmittelbare eigene Stärkung, indem wir eine uns im Bedarfsfall dienstbare Rüstungsindustrie in Rußland heranbilden helfen. [...]

Es seien noch einige Einwendungen gegen die geforderte deutsche Politik gegenüber Rußland gestreift. Gewiß ist Deutschland heute nicht in der Lage, Frankreich Widerstand zu leisten. Unsere Politik soll die künftige Möglichkeit dazu vorbereiten. Der Zug Frankreichs durch Deutschland zur Unterstützung Polens ist ein militärisches Unding, solange Deutschland nicht freiwillig mittut. Der Gedanke entstammt dem Ideenkreis unserer Diplomaten von 1919; seitdem sind drei Jahre der Arbeit vergangen. Der Krieg zwischen Frankreich und Rußland am Rhein ist ein politischer Kinderschreck. Deutschland wird nicht bolschewisiert, auch nicht durch eine Verständigung mit Rußland in äußeren Fragen.

Das deutsche Volk soll in seiner sozialistischen Mehrheit einer aktiven Politik, die mit Kriegsmöglichkeiten rechnen muß, abgeneigt sein. Es ist zuzugeben, daß der Geist, der über der Versailler Friedensdelegation schwebte, noch nicht verschwunden ist, aber daß der törichte Ruf: »Nie wieder Krieg!« verbreiteten Nachhall findet. [...] Gewiß besteht im deutschen Volk weitgehendes und erklärliches Friedensbedürfnis. Am klarsten wird das Für und Wider des Krieges in militärischen Köpfen abgewogen werden, aber Politik treiben, heißt führen. Dem Führer wird trotz allem das deutsche Volk in den Kampf um seine Existenz folgen. Diesen Kampf vorzubereiten, ist die Aufgabe; denn erspart wird er uns nicht.

Kommt es zu kriegerischen Verwicklungen – und sie erscheinen heute schon greifbar nah –, dann wird es nicht Aufgabe der leitenden Staatsmänner bei uns sein, Deutschland aus dem Konflikt herauszuhalten – das wird vergeblich oder Selbstmord sein – sondern so stark wie möglich auf die richtige Seite zu treten.

D: Michaelis/Schraepler, Bd. 6, S. 606–611.

11.

Erinnerungen an die Zeit der politischen Morde

Wilhelm Hoegner (SPD), 1887–1980, war nach 1945 der erste bayerische Ministerpräsident; er war als Abgeordneter des Bayerischen Landtags (1924–1930) maßgeblich am Untersuchungsausschuss über den Hitler-Putsch beteiligt.

Die Blütezeit des politischen Mordes in Deutschland währte im wesentlichen von 1919 bis 1923. Als Erscheinung des schwelenden Bürgerkrieges zwischen Selbstschutzverbänden flackerte er dann seit 1929 wieder stärker auf. Ein bewußt angewandtes Mittel der Politik ist er aber nach 1922 kaum mehr gewesen. Anfänglich hat es keine politische Partei gewagt, sich offen zu ihm zu bekennen. Wohl forderte eine zuchtlose Presse immer von neuem die »Beseitigung« politischer Schädlinge und schreckte auch vor offener Mordhetze nicht zurück. Nach vollbrachter Tat aber verbarg man mehr oder minder geschickt die Genugtuung, heuchelte nach außen Entrüstung in bürgerlicher Wohlanständigkeit und half heimlich den Mordbuben zur Flucht. Öffentliche Anerkennung oder gar Verherrlichung wurde den Mördern nur im engsten Kreise zuteil. Diesen Zaun des europäischen Sittengesetzes durchbrachen zuerst die in der Organisation Consul zusammengeschlossenen Ehrhardt-Leute, die in ihrer Zeitschrift »Wiking« die Schuld an politischen

Morden der Allgemeinheit zuschrieben, die es zuließe, daß zweifelhafte Persönlichkeiten in den Besitz von Macht gelangten. Solange die Parteimoral und das öffentliche Gewissen versage, stellten politische Morde nichts als verständliche Notwehr dar. Später kündigten dann die Nationalsozialisten ihre Redner als »Fememörder« für Versammlungen an, und Hitler scheute sich zum Entsetzen seiner blaublütigen Freunde nicht, die Sache der Mörder von Potempa zu der seinigen zu machen. Von da ab wurde es Brauch, den Mord am politischen »Untermenschen« als Verdienst um Staat und Volk zu erklären. Auch für die öffentliche Beurteilung des Mordes war jetzt entscheidend, ob der ermordete Mensch »national« oder »international« gesinnt gewesen war.

Die politischen Morde des Zeitraums von 1919 bis 1923 zerfallen in drei Gruppen: willkürliche Tötungen im Bürgerkrieg, Beseitigung von Angebern oder Mitwissern geheimer Waffenlager und wohlvorbereitete Anschläge auf die Staatsmänner der deutschen Republik.

D: Hoegner, S. 17.

12.

Die kommunistische Sozialfaschismusthese

Resolution des V. Weltkongresses der Kommunistischen Internationale (Komintern) über den Faschismus vom 16. September 1924:

Der Faschismus ist eine der klassischen Formen der Konterrevolution in der Verfallsepoche der kapitalistischen Gesellschaftsordnung, in der Epoche der proletarischen Revolution, im besonderen dort, wo das Proletariat den Machtkampf aufgenommen, aber weil es ihm an revolutionärer Erfahrung mangelt und weil keine führende Klassenpartei da ist, nicht verstanden hat, die proletarische Revolution zu organisieren und die Erhebung der Massen bis zur Errichtung der proletarischen Diktatur zu steigern.

Der Faschismus ist das Kampfinstrument der Großbourgeoisie gegen das Proletariat, zu dessen Niederwurf die legalen staatlichen Machtmittel nicht mehr ausreichen; er ist das außerlegale Kampfmittel der Großbourgeoisie zur Aufrichtung und Festigung ihrer Diktatur. Aber seiner sozialen Struktur nach ist der Faschismus eine kleinbürgerliche Bewegung. Seine Wurzeln hat er in den infolge der kapitalistischen Krise dem Untergang geweihten Mittelschichten sowie in den durch die Folgen des Krieges deklassierten Elementen (gewesenen Offizieren usw.) und teilweise sogar in den in ihren revolutionären Erwartungen enttäuschten und verbitterten Elementen des Proletariats.

Bei fortschreitendem Zerfall der bürgerlichen Gesellschaft nehmen alle bürgerlichen Parteien, insbesondere die Sozialdemokratie, einen mehr oder weniger faschistischen Charakter an, bedienen sich seiner Kampfesweise gegen das Proletariat und lösen so selbst die Gesellschaftsordnung auf, zu deren Erhaltung sie sich gebildet haben. Der Faschismus und die Sozialdemokratie sind die beiden Seiten ein und desselben Werkzeugs der großkapitalistischen Diktatur. Die Sozialdemokratie kann daher im Kampfe gegen den Faschismus niemals eine zuverlässige Bundesgenossin des gegen den Faschismus kämpfenden Proletariats sein. Infolge seiner inneren Widersprüche (Interessengegensätze zwischen Großbourgeoisie einerseits und den kleinbürgerlichen und proletarischen Elementen andererseits) gerät der Faschismus nach seinem Siege in einen politischen Bankrott, der zu seiner inneren Zersetzung führt (Italien). In einen ähnlichen Krisenzustand gerät er auch dort, wo er – ohne den formalen Sieg errungen zu haben – gezwungen ist, offen das großbürgerliche Regime zu unterstützen und zu verteidigen (Deutschland). [...]

D: Hürten, S. 97 f.

13.

Der Wandel der weiblichen Erwerbsarbeit

Weibliche Erwerbspersonen	1882	1895	1907	1925	1933
Mithelfende Familienangehörige	40,7	34,1	35,2	36	36,1
Dienstmädchen/ Hausangestellte	17,9	18,2	16,1	11,4	10,5
Arbeiterinnen in Industrie und Handel	11,8	17	18,3	23	22,9
Arbeiterinnen in der Landwirtschaft	15,5	16,6	14,5	9,2	7,5
Angestellte und Beamtinnen	1,7	2,6	6,5	12,6	14,8
Selbständige	12,3	11,4	9,2	7,7	8

Angaben in Prozent

D: Nach: Ute Frevert: Frauen-Geschichte. Zwischen Bürgerlicher Verbesserung und Neuer Weiblichkeit. Frankfurt a. M.: Suhrkamp, 1993. S. 291.

14.

Hintergründe der Locarno-Politik

Vertraulicher Brief Stresemanns an Kronprinz Wilhelm vom 7. September 1925 (dieser Text wurde 1932 bekannt).

[...] Die deutsche Außenpolitik hat nach meiner Auffassung für die nächste absehbare Zeit drei große Aufgaben: Einmal die Lösung der *Reparationsfrage* in einem für Deutschland erträglichen Sinne und die Sicherung des Friedens, die die Voraussetzung für eine Wiedererstarkung Deutschlands ist.

Zweitens rechne ich dazu den Schutz der *Auslandsdeutschen*, jener 10–12 Millionen Stammesgenossen, die jetzt unter fremdem Joch in fremden Ländern leben.

Die dritte große Aufgabe ist die Korrektur der *Ostgrenzen*: die Wiedergewinnung von Danzig, vom polnischen Korridor und eine Korrektur der Grenze in Oberschlesien.

Im Hintergrund steht der Anschluß von *Deutsch-Österreich* [...].

Wollen wir diese Ziele erreichen, so müssen wir uns aber auch auf diese Aufgaben konzentrieren. Daher der Sicherheitspakt, der uns einmal den Frieden garantieren und England sowie, wenn Mussolini mitmacht, Italien als Garanten der deutschen Westgrenze festlegen soll. Der Sicherheitspakt birgt andererseits in sich den Verzicht auf [...] Rückgewinnung Elsaß-Lothringens, [...] der aber insoweit nur theoretischen Charakter hat, als keine Möglichkeit eines Krieges gegen Frankreich besteht. [...]

[...] Zudem sind alle Fragen, die dem deutschen Volk auf dem Herzen brennen, [...] Angelegenheiten des Völkerbunds [...].

Die Frage des Optierens zwischen Osten und Westen erfolgt durch unseren Eintritt in den Völkerbund nicht. […] Ich warne vor einer Utopie, mit dem Bolschewismus zu kokettieren. […]

[…] Das Wichtigste ist […] das Freiwerden deutschen Landes von fremder Besatzung. Wir müssen den Würger erst vom Halse haben. Deshalb wird die deutsche Politik […] in dieser Beziehung zunächst darin bestehen müssen, zu finassieren [Tricks anzuwenden] und den großen Entscheidungen auszuweichen.

Ich bitte E. K. H. [Eure Kaiserliche Hoheit], […] diesen Brief selbst freundlichst unter dem Gesichtspunkt würdigen zu wollen, daß ich mir natürlich in allen meinen Äußerungen eine große Zurückhaltung auferlegen muß. […]

D: Stresemann, S. 553 ff.

15.

Eine »überparteiliche«, antiparlamentarische Staatsordnung

Vor Industriellen stellt Reichskanzler Franz v. Papen seine Verfassungspläne vor (1932):

[…] Wir wollen eine machtvolle und überparteiliche Staatsgewalt schaffen, die nicht als Spielball von den politischen und gesellschaftlichen Kräften hin und her getrieben wird, sondern über ihnen unerschütterlich steht […]. Die Reform der Verfassung muß dafür sorgen, daß eine solche machtvolle und autoritäre Regierung in die richtige Verbindung mit dem Volke gebracht wird.

An den großen Grundgesetzen […] soll man nicht rütteln, aber die Formen des politischen Lebens gilt es zu erneuern. Die

Reichsregierung muß unabhängiger von den Parteien gestellt werden. Ihr Bestand darf nicht Zufallsmehrheiten ausgesetzt sein. Das Verhältnis zwischen Regierung und Volksvertretung muß so geregelt werden, daß die Regierung und nicht das Parlament die Staatsgewalt handhabt.

Als Gegengewicht gegen einseitige, von Parteiinteressen herbeigeführte Beschlüsse des Reichstags bedarf Deutschland einer besonderen Ersten Kammer mit fest abgegrenzten Rechten und starker Beteiligung an der Gesetzgebung. Heute ist das einzige Korrektiv gegen das überspitzte parlamentarische System und gegen das Versagen des Reichstags die Verordnungsgewalt des Reichspräsidenten aufgrund des Artikels 48 der Reichsverfassung. Sobald aber wieder stetige und normale Verhältnisse herrschen, wird auch kein Anlaß mehr sein, den Artikel 48 in der bisherigen Weise anzuwenden.

Die Reichsregierung beabsichtigt, die Verfassungsreform in engem Einvernehmen mit den Ländern durchzuführen. [...]

Die Reichsregierung hat bei ihrem Antritt als oberstes Ziel ihrer Innenpolitik die Vereinigung aller wahrhaft nationalen Kräfte proklamiert. Das Ziel bleibt unverrückbar bestehen – es muß bestehen bleiben – um Deutschlands willen – auch wenn die Wege heute auseinanderführen. Nichts kann das Vertrauen in den Aufstieg der Nation mehr hindern als die Instabilität der politischen Verhältnisse, als Regierungen, die nur Treibholz sind auf den Wellen der Partei und abhängig von jeder Strömung. Diese Art der Staatsführung der Parteiarithmetik ist im Urteil des Volkes erledigt. [...]

D: Hürten, S. 132 ff.

16.

»Wir stehen als Sieger auf den Trümmern«

Joseph Goebbels, der Propagandaleiter der NSDAP, notierte am 28. Mai 1932 in sein Tagebuch:

[...] Im Plenum [des preußischen Landtags] kommt es zum Ausbruch der bis zur Siedehitze angespannten Erregung. Einer von uns wird von den Kommunisten als Mörder beschimpft. Der bolschewistische [kommunistische] Fraktionsführer Pieck provoziert auf das maßloseste von der Rednertribüne herab. Ein Kommunist schlägt einem Parteigenossen mitten ins Gesicht. Das ist das Signal zur Abrechnung. Sie ist kurz, aber bündig, und wird mit Tintenfässern und Stühlen ausgefochten. In drei Minuten sind wir allein im Saal. Die Kommunisten sind herausgeprügelt, während die [bürgerlichen] Mittelparteien in der vorzeitigen Flucht ihr Heil gesucht haben. Unsere Fraktion singt das Horst-Wessel-Lied [Kampflied der NSDAP]. 8 Schwerverletzte aus verschiedenen Parteien. Das war ein warnendes Beispiel. So allein kann man sich Respekt verschaffen. Das Plenum bietet den Anblick einer grauenhaften Verwüstung. Wir stehen als Sieger auf den Trümmern.

[...] Wir diktieren gleich den Bericht für die Presse. Wir müssen den anderen zuvorkommen. Brachialgewalt gegen Provokation, das ist das einzige, was imponiert. Scheu und voll Achtung schleichen die jüdischen Journalisten um die Trümmer und Blutlachen herum. Wie wird ihnen zumute sein?

D: Goebbels, S. 100 f.

17.

Industrielle zu einer möglichen Kanzlerschaft Hitlers

Eingabe führender deutscher Industrieller an den Reichspräsidenten Hindenburg im November 1932:

Ew. Exzellenz, Hochzuverehrender Herr Reichspräsident!

Gleich Eurer Exzellenz durchdrungen von heißer Liebe zum deutschen Volk und Vaterland, haben die Unterzeichneten die grundsätzliche Wandlung, die Eure Exzellenz in der Führung der Staatsgeschäfte angebahnt haben, mit Hoffnung begrüßt. Mit Eurer Exzellenz bejahen wir die Notwendigkeit einer vom parlamentarischen Parteiwesen unabhängigeren Regierung, wie sie in dem von Eurer Exzellenz formulierten Gedanken eines Präsidialkabinetts zum Ausdruck kommt.

Der Ausgang der Reichstagswahl vom 6. November d. J. hat gezeigt, daß das derzeitige Kabinett, dessen aufrechten Willen niemand im deutschen Volke bezweifelt, für den von ihm eingeschlagenen Weg keine ausreichende Stütze im deutschen Volk gefunden hat, daß aber das von Eurer Exzellenz gezeigte Ziel eine volle Mehrheit im deutschen Volke besitzt, wenn man – wie es geschehen muß – von der staatsverneinenden kommunistischen Partei absieht. Gegen das bisherige parlamentarische Parteiregime sind nicht nur die Deutschnationale Volkspartei und die ihr nahestehenden kleineren Gruppen, sondern auch die Nationalsozialistische Deutsche Arbeiterpartei grundsätzlich eingestellt und haben damit das Ziel Eurer Exzellenz bejaht. Wir halten dieses Ergebnis für außerordentlich erfreulich und können uns nicht vorstellen, daß die Verwirklichung des Zieles nunmehr an der Beibehaltung einer unwirksamen Methode scheitern sollte. […]

Wir erachten es deshalb für unsere Gewissenspflicht, Eure

Exzellenz ehrerbietigst zu bitten, daß zur Erreichung des von uns allen unterstützten Zieles Eurer Exzellenz die Umgestaltung des Reichskabinetts in einer Weise erfolgen möge, die die größtmögliche Volkskraft hinter das Kabinett bringt.

Wir bekennen uns frei von jeder engen parteipolitischen Einstellung. Wir erkennen in der nationalen Bewegung, die durch unser Volk geht, den verheißungsvollen Beginn einer Zeit, die durch Überwindung des Klassengegensatzes die unerläßliche Grundlage für einen Wiederaufstieg der deutschen Wirtschaft erst schafft. Wir wissen, daß dieser Aufstieg noch viele Opfer erfordert. Wir glauben, daß diese Opfer nur dann willig gebracht werden können, wenn die größte Gruppe dieser nationalen Bewegung führend an der Regierung beteiligt wird.

Die Übertragung der verantwortlichen Leitung eines mit den besten sachlichen und persönlichen Kräften ausgestatteten Präsidialkabinetts an den Führer der größten nationalen Gruppe wird die Schlacken und Fehler, die jeder Massenbewegung notgedrungen anhaften, ausmerzen und Millionen Menschen, die heute abseits stehen, zu bejahender Kraft mitreißen.

In vollem Vertrauen zu Eurer Exzellenz Weisheit und Eurer Exzellenz Gefühl der Volksverbundenheit begrüßen wir Euer Exzellenz

mit größter Ehrerbietung

[Unterzeichnet hatten u.a. Dr. Hjalmar Schacht und eine Reihe weiterer einflussreicher Industrieller, Großagrarier und Bankiers.]

D: Michalka/Niedhart, S. 340–342.

18.

Wegbereiter einer Kanzlerschaft Hitlers

Der Kölner Bankier Freiherr von Schroeder über ein Gespräch in seinem Haus mit Hitler, von Papen, Heß und Himmler, 4. Januar 1933:

[...] Papen [führte] aus, daß er für das beste halte, eine Regierung zu formen, bei der die konservativen und nationalen Elemente [...] zusammen mit den Nazis vertreten seien. Er schlug vor, daß diese neue Regierung womöglich von Hitler und Papen zusammen geführt werden sollte. [...] Hitler [...] sagte, daß, wenn er zum Kanzler ernannt würde, Anhänger von Papen als Minister an seiner (Hitlers) Regierung teilnehmen könnten [...]. Er skizzierte [...] Änderungen, einschließlich der Entfernung aller Sozialdemokraten, Kommunisten und Juden von führenden Stellungen in Deutschland [...]. Von Papen und Hitler erzielten eine prinzipielle Einigung [...].

Diese Zusammenkunft [...] wurde von mir arrangiert, nachdem Papen mich ungefähr am 10. Dezember 1932 darum ersucht hatte. Bevor ich diesen Schritt unternahm, besprach ich mich mit einer Anzahl von Herren der Wirtschaft [...]. Die allgemeinen Bestrebungen der Männer der Wirtschaft gingen dahin, einen starken Führer in Deutschland an die Macht kommen zu sehen, der eine Regierung bilden würde, die lange an der Macht bleiben würde [...]. Ein gemeinsames Interesse der Wirtschaft bestand in der Angst vor dem Bolschewismus und der Hoffnung, daß die Nationalsozialisten [...] eine beständige politische und wirtschaftliche Grundlage in Deutschland herstellen würden. Ein weiteres gemeinsames Interesse war der Wunsch, Hitlers wirtschaftliches Programm in die Tat umzusetzen [...]. Weiterhin erwartete man, daß eine wirtschaftliche

Konjunktur durch das Vergeben von größeren Staatsaufträgen werden würde.

In diesem Zusammenhang sind zu erwähnen: eine von Hitler projektierte Erhöhung der deutschen Wehrmacht [...] auf 300 000 Mann, das Bauen von Reichsautobahnen und die Kredite, die der öffentlichen Hand [...] gegeben werden sollten [...], Aufträge zur Verbesserung [...] der Reichsbahn, und Förderung [von] Automobil- und Flugzeugbau [...].

Es war allgemein bekannt, daß einer der wichtigsten Programmpunkte Hitlers die Abschaffung des Vertrages von Versailles darstellte und die Wiederherstellung eines sowohl in militärischer als auch in wirtschaftlicher Hinsicht starken Deutschlands. Es war klar, daß in einem starken Deutschland auch die Wirtschaft aufblühen werde [...].

Das wirtschaftliche Programm Hitlers war der Wirtschaft allgemein bekannt und wurde von ihr begrüßt.

D: Kühnl, S. 173–175.

Literaturhinweise

Quellen

Goebbels, Joseph: Vom Kaiserhof zur Reichskanzlei. München: Eher, 1934.

Hoegner, Wilhelm: Der politische Radikalismus in Deutschland 1919–1933. München/Wien: Olzog, 1966.

Hürten, Heinz (Hrsg.): Weimarer Republik und Drittes Reich 1918–1945. Stuttgart. Reclam, 1995. (Deutsche Geschichte in Quellen und Darstellung. Bd. 9.)

Kühnl, Reinhard: Der deutsche Faschismus in Quellen und Dokumenten. Köln: Pahl-Rugenstein, 1975.

Michaelis, Herbert / Schraepler, Ernst (Hrsg.): Ursachen und Folgen. Vom deutschen Zusammenbruch 1918 und 1945 bis zur staatlichen Neuordnung Deutschlands in der Gegenwart. Eine Urkunden- und Dokumentensammlung zur Zeitgeschichte. Bd. 4: Die Weimarer Republik. Vertragserfüllung und innere Bedrohung 1919/1922. Berlin: Wendler, [1960].

– / – (Hrsg.): Ursachen und Folgen. Vom deutschen Zusammenbruch 1918 und 1945 bis zur staatlichen Neuordnung Deutschlands in der Gegenwart. Eine Urkunden- und Dokumentensammlung zur Zeitgeschichte. Bd. 6: Die Weimarer Republik. Die Wende der Nachkriegspolitik 1924–1928. Rapallo-Dawesplan Genf. Berlin: Wendler, [1961].

Michalka, Wolfgang / Niedhart, Gottfried (Hrsg.): Die ungeliebte Republik. Dokumentation zur Innen- und Außenpolitik Weimars. München 1981.

Ritter, Gerhard A. / Miller, Susanne (Hrsg.): Die deutsche Revolution 1918–1919. Frankfurt a. M.: Fischer, 1968. – 2., erw. Ausg. 1975.

Stresemann, Gustav: Vermächtnis. Bd. 2. Hrsg. von Henry Bernhard. Berlin: Ullstein, 1932.

Tucholsky, Kurt: Gesammelte Werke. Bd. 2: 1919–1920. Hrsg. von Mary Gerold-Tucholsky und Fritz J. Raddatz. Reinbek bei Hamburg: Rowohlt, 1960.

Darstellungen

Benz, Wolfgang / Graml, Hermann (Hrsg.): Biographisches Lexikon zur Weimarer Republik. München 1988.
Blasius, Dirk: Weimars Ende. Bürgerkrieg und Politik 1930–1933. Göttingen 2005.
Büttner, Ursula: Weimar. Die überforderte Republik 1918–1933. Stuttgart 2008.
Hannover, Heinrich / Hannover-Drück, Elisabeth: Politische Justiz 1918–1933. Frankfurt a. M. 1966.
– / –: Der Mord an Rosa Luxemburg und Karl Liebknecht. Dokumentation eines politischen Verbrechens. Frankfurt a. M. 1967.
Hardach, Karl: Wirtschaftsgeschichte Deutschlands im 20. Jahrhundert. Göttingen 1976.
Hoffmann, Hilmar / Klotz, Heinrich: Die Kultur unserer Jahrhunderts 1918–1933. Düsseldorf 1993.
Kaes, Anton: Film in der Weimarer Republik. In: Geschichte des deutschen Films. Hrsg. von Wolfgang Jacobsen, Anton Kaes und Hans Helmut Prinzler. Stuttgart/Weimar 1993. S. 39–100.
Kolb, Eberhard: Die Weimarer Republik. München 1988.
Kracauer, Siegfried: Die Angestellten. Aus dem neuesten Deutschland. (1929.) Frankfurt a. M. 1971.
Longerich, Peter: Deutschland 1918–1933. Die Weimarer Republik. Handbuch zur Geschichte. Hannover 1996.
Möller, Horst: Weimar. Die unvollendete Demokratie. München 1990.
Mommsen, Hans: Die verspielte Freiheit. Der Weg der Republik von Weimar in den Untergang 1918–1933. Berlin 1989.
Neumann, Sigmund: Die Parteien der Weimarer Republik. Stuttgart 1970.
Peukert, Detlev J. K.: Die Weimarer Republik. Frankfurt a. M. 1987.
Rosenberg, Arthur: Geschichte der Weimarer Republik. Frankfurt a. M. 1971.
Rosenhaft, Eve: Beating the Fascists? The German Communists and Political Violence 1929–1933. Cambridge 1983.
Schildt, Axel: Die Republik von Weimar. Deutschland zwischen Kaiserreich und »Drittem Reich« (1918–1933). Landeszentrale für politische Bildung Erfurt 1997.

Schulz, Petra: Ästhetisierung von Gewalt in der Weimarer Republik. Münster 2004.
Schulze, Hagen: Kleine deutsche Geschichte. München 1996.
Wehler, Hans-Ulrich: Deutsche Gesellschaftsgeschichte. Bd. 4: Vom Beginn des Ersten Weltkriegs bis zur Gründung der beiden deutschen Staaten 1914–1949. München 2003.
Winkler, Heinrich August: Weimar 1918–1933. Die Geschichte der ersten deutschen Demokratie. München 1993.

Nachweis der Abbildungen und Tabellen

26/27 Wahlergebnisse bei den Reichstagwahlen 1913–33. – Nach: Deutsche Geschichte in Quellen und Darstellung. Bd. 9: Weimarer Republik und Drittes Reich 1918–1945. Hrsg. von Heinz Hürten. Stuttgart: Reclam, 1995. S. 144 f.

30 Die Weimarer Verfassung. – Nach: Hartmann Wunderer: Fit fürs Abi. Geschichte – Wissen. Hannover: Schroedel, 2007. S. 62.

41/42 Inflationsverlauf. – Nach: H. Prokasky: Der Erste Weltkrieg und die Inflation. In: Geschichtsdidaktik 5 (1980) S. 267.

44 Wahlplakat des Völkischen Blocks, 1924. – In: Anschläge. Politische Plakate in Deutschland 1900–1970. Hrsg. und komm. von Friedrich Arnold. Ebenhausen bei München: Langewiesche-Brandt, 1972. N. 46

48 Arbeitslosigkeit in % der erfassten Gewerkschaftsmitglieder. – Nach: Eva Cornelia Schöck: Arbeitslosigkeit und Rationalisierung. Die Lage der Arbeiter und die kommunistische Gewerkschaftspolitik 1920–28. Frankfurt a. M. 1977. S. 166.

56 Disziplinierte Männerkörper. – In: Illustrierte Geschichte des Arbeitersports. Hrsg. von Hans Joachim Teichler und Gerhard Hauk. Berlin/Bonn: Dietz, 1987.

65 Die Weißenhofsiedlung in Stuttgart, Reihenhäuser von J. J. P. Oud. – Foto: Günter Baumann, Gerlingen.

67 Die »Große Depression« in Deutschland 1929–33. – Nach: Hans-Ulrich Wehler: Deutsche Gesellschaftsgeschichte. Bd. 4: Vom Beginn des Ersten Weltkriegs bis zur Gründung der beiden deutschen Staaten 1914–1949. München 2003. S. 260.

68 Wartende Arbeitslose im Hinterhof des Arbeitsamtes Hannover, 1932. Foto von Walter Ballhause. – Mit Genehmigung der Sammlung R. Ballhause, Plauen.

70 Notverordnungen und Reichstagsaktivitäten 1930–32. – Nach: Wehler, a. a. O., S. 519.

74 Entwicklung des deutschen Außenhandels (in Mrd. Reichsmark). – Nach: Gustav Stolpe: Deutsche Wirtschaft seit 1870. Tübingen 1964. S. 168.

78 Demokratie und Diktaturen in Europa.

98 Wahlplakat der KPD, 1932. – In: Anschläge, a.a.O., Nr. 79.